STEPHEN KING
Especialista en Terror

© Adolfo Pérez Agustí (2019)
MADRID

STEPHEN KING
http://www.edicionesmasters.com
edicionesmasters@gmail.com

Diseño portada y maquetación: Roberto-Carlos Pérez Rodríguez

STEPHEN KING
Especialista en Terror

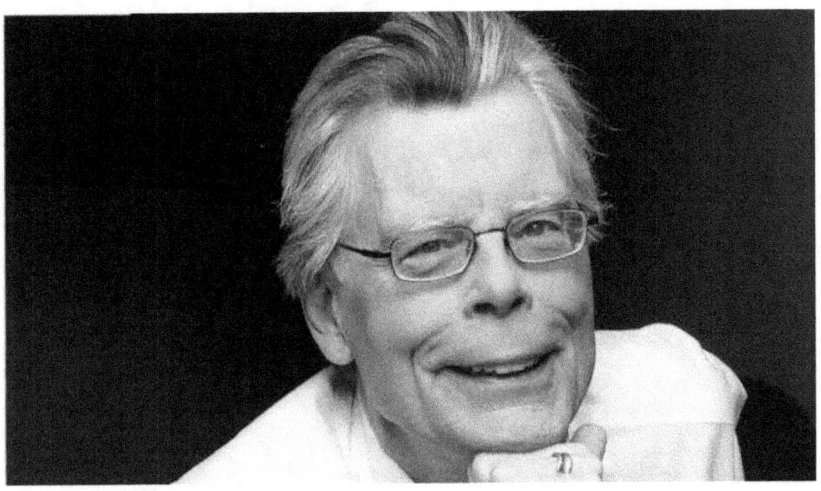

Este novelista norteamericano, escritor de novelas y relatos cortos, cuyos libros han alcanzado un gran éxito popular, es ya un clásico de la ficción y el terror desde los años setenta. El papel de este escritor moderno puede compararse al de J.R.R. Tolkien, quien igualmente creó un nuevo tipo de fantasía. Sin embargo, King ha expresado las preocupaciones fundamentales de su época, y usado el género de terror como su propia forma de expresión artística. Según ha subrayado, en este mundo de cinismo, desesperación y crueldades, es posible para los individuos encontrar el amor y descubrir recursos inesperados en ello. Sus personajes conquistan al lector con sus problemas comunes y los poderes malévolos que giran a su alrededor intentando destruirles.

Lo que hizo a King alguien diferente es que él no aspiraba solamente a ser escritor, sino que fue adelante con ello.

CAPÍTULO UNO

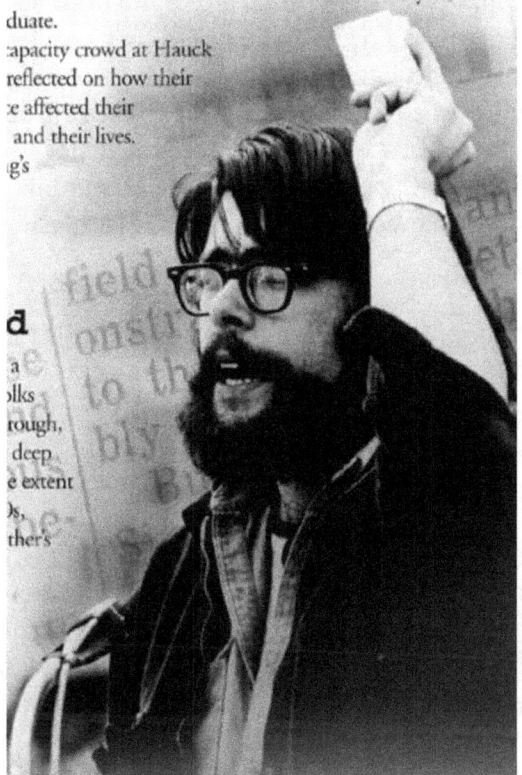

BIOGRAFÍA CRONOLÓGICA

1947

A finales de los años 40, Maine, un pueblo de los EE.UU., era un lugar rural pobre y con su población dispersa. A la mayoría de sus habitantes les costaba mucho ganarse la vida y entre ellos estaba Donald Edwin King, quien tras prestar servicio en la marina durante la II Guerra Mundial, encontró trabajo en Maine vendiendo aspiradoras a domicilio. Casado con Nellie Ruth Pillsbury King, vivían en Portland con su hijo adoptado David de dos años. Unos años antes los médicos le habían dicho a Ruth que no podría tener hijos, pero aquel año quedaba demostrado que estaban equivocados. Steve Edwin King nació en Portland (Maine), EE.UU., el 21 de septiembre de 1947 en el Hospital General de Maine. El niño era sano y fuerte, y los King recibieron con agrado la noticia, retomando con entusiasmo sus vidas. Al igual que en la mayoría de las familias de entonces, Ruth era el ama de casa y la responsable de atender a los niños, siendo Donald quien ganaba el pan. Su economía, para qué insistir, era tan precaria como sus relaciones personales.

1950

La precaria estabilidad sentimental de los King se resquebraja definitivamente cuando en la primavera de 1950 Donald abandona a su familia y Ruth se queda sola con un niño de dos años, Stephen, y otro de cuatro, David. Aunque parezca un tópico, el propio King dice que su padre se fue a comprar tabaco y nunca volvió, lo que indudablemente ahorró a todos un largo proceso de divorcio.

Él y su hermano mayor fueron criados desde entonces por su madre y pasaron parte de su infancia en Fort Wayne, Indiana, donde estaba la familia de su padre, y en Strattford, Connecticut, además de visitar frecuentemente a miembros de la familia de su madre en Malden, Massachusetts. Pero por aquel entonces la figura del padre constituía el sostén económico básico para toda la familia, y debido a la mala situación económica en que se quedaron, su madre tuvo que irse trasladando de ciudad en ciudad en busca de trabajo. Durante estos años vivió en lugares como Scarborough (Nueva York), Croton-on-Hudson (Nueva York), Chicago (Illinois), West de Pere (Winsconsin), Fort Wayne (Indiana) y Strattford (Connecticut), siendo muy comunes las visitas a su familia materna que vivían en Malden (Massachusetts) y Pownal (Maine). Todo un maratón de cambios y ambientes que, al menos, sirvió para que la ya fértil imaginación del pequeño Stephen comenzara a desarrollarse.

No volvieron a Maine hasta que Stephen tuvo once años.

1951

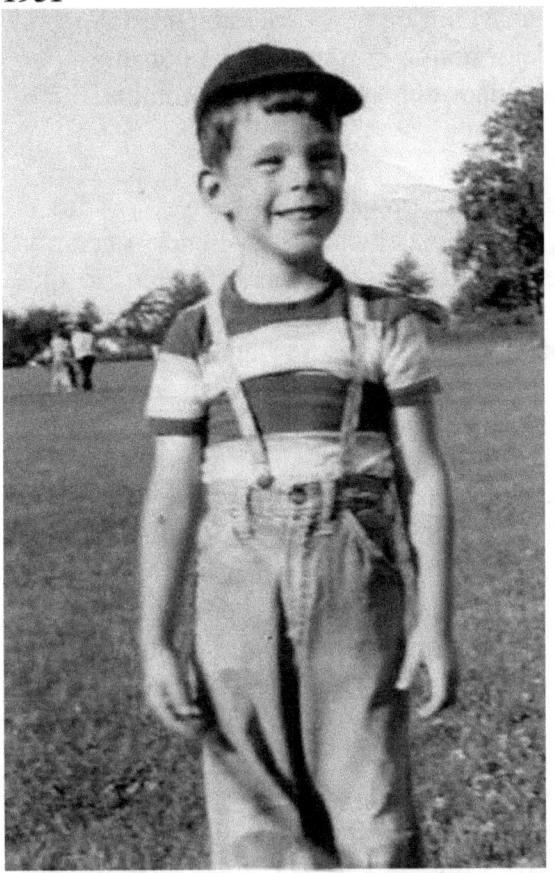

Ruth esperaba siempre que su marido volviese, no aceptando las invitaciones de otros hombres, tal y como cuenta su hijo David: *"Mi madre siempre estaba trabajando y creo que por eso no tenía tiempo para salir con otro hombre; pero de cualquier modo eso influyó de forma determinante en nuestras vidas. Tanto Stephen como yo ayudábamos en la casa desde muy pequeños y no creo que a nadie se le pueda ocurrir decir que éramos unos vagos. Otra cosa que hemos heredado de ella es la perseverancia. A menudo trabajaba en dos trabajos a la vez para lograr mejorar la economía y sacar a la familia a flote.*

Entonces no podía permitirse el lujo de pagar a una canguro para que la ayudase".

Ese año King tendría que asumir un hecho ciertamente doloroso, cuando vio cómo su mejor amigo era atropellado por un tren y sus restos mortales recolectados en una canasta de mimbre.

1953

Su afición por la lectura y escritura le llega pronto, y a los 6 años comienza a crear sus propias historias de ciencia ficción y aventuras basándose en los libros que iba leyendo. Por lo que sabemos, tanto David como Stephen se leían historias y cuidaban el uno del otro. Luego su madre llegaba a casa y les hacía preguntas para asegurarse que habían estado leyendo, aunque seguramente lo que leían no le gustaba. Se trataba básicamente de relatos de misterio y algunos de los primeros cómics de terror que se publicaron. Uno de los libros favoritos de Stephen era el clásico de terror "Drácula", además de ser un apasionado oyente del serial "On The Dimension X" que se emitía dentro del programa "Mar's is Heaven" de Ray Bradbury.

En esa época, King tuvo un tímpano perforado durante mucho tiempo; una experiencia dolorosa que él nunca olvidó.

1954

A los seis años ve la primera película que puede recordar: "The Creature From The Black Lagoon" (La mujer y el monstruo), un clásico del cine de terror que nos ofrece una versión muy interesante del mito de la bella y la bestia.

1957

Otra película que le marcaría mucho fue "Earth vs. the fliyng saucers", estrenada con el título de "La tierra contra los platillos volantes". Fue exhibida cuando la guerra fría entre americanos y rusos estaba más candente, coincidiendo con el lanzamiento el 4 de octubre por parte de los soviéticos del satélite espacial Sputnik, un acontecimiento histórico que dañó seriamente el orgullo de los norteamericanos. Tener sobre sus cabezas un artefacto que, supuestamente, les espiaba y que podía lanzarles mortíferos rayos destructores (¿), creó cierta psicosis de pánico colectiva que, al menos, agudizó el ingenio de los norteamericanos para no permitir esa supremacía. La desilusión fue cuando, un poco después, los rusos conseguían enviar al espacio el Sputnik 2 con una perra en su interior.

1958

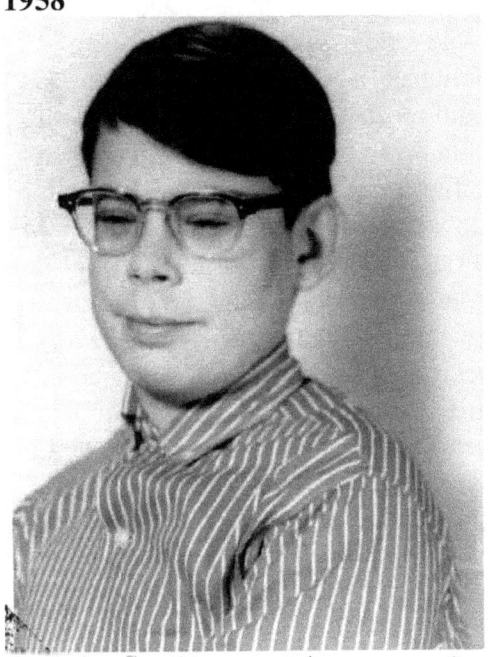

Cuando Stephen contaba once años de edad su madre les traslada a Durham (Maine), en donde hizo un trato con su familia. Ella atendería a sus padres enfermos Guy y Nellie Pillsbury, incapacitados por la vejez y ayudados económicamente por otros miembros de la familia, y a cambio su hermana le daría una casa en Dirham donde vivir. Ruth aceptó el trato, pues recibía también comida y ropa como pago y, ocasionalmente, algo de trabajo a tiempo parcial en la comunidad para ganarse un dinero extra. Aun así, los King era decididamente pobres, y eso era decir mucho en un lugar como Durham, tampoco muy solvente económicamente.

9

Su casa no tenía tuberías, y en los meses de invierno Stephen y su hermano iban hasta la casa de su tía para darse un baño caliente. Ese tipo de vida no parecía afectar demasiado a los dos hermanos, quizá por la manera que tenía Ruth de llevar los problemas con sentido del humor, y el instinto de contadora de historias, esto último con un efecto decisivo en Stephen. Su carácter le permitía también sobrellevar los trabajos que realizaba con deficientes mentales, con los cuales necesitaba un gran sentido del humor para que todo estuviera controlado.

En esa época Stephen comienza a coleccionar las noticias publicadas sobre un asesino en serie llamado Charlie Starkweather, que en compañía de su novia Caril efectuaron una serie de asesinatos hasta que fueron detenidos, después de matar a 11 personas y él condenado a muerte, siendo ajusticiado en la silla eléctrica el 25 de junio de 1959. Sin embargo, el papel de ella no quedó aclarado totalmente, pues Caril alegó que antes de la masacre había roto ya su relación con Charlie.

La atracción por estos acontecimientos y el cine de terror podría ser mal interpretada por alguien con una visión superficial, pero lo más acertado es considerar que en realidad a King no le atraía la violencia, sino la posibilidad de defenderse de ella. Conociendo a los asesinos podía evitarles y, con suerte, combatirlos, algo que supone una constante en sus novelas de terror.

*"El hecho de mantener un libro con todos estos recortes –*explica- *no era para aprender de los asesinos, ni del dolor ajeno; simplemente quería saber cómo actuaban y dónde se escondían, obviamente para alejarme de ellos. La primera vez que vi una fotografía de Charlie me di cuenta de que su mirada tenía un sello característico que después he observado en otros asesinos. Además, sabía que en el futuro reflejaría en mis escritos su patológica personalidad. Estaba mirando al futuro".*

Con 11 años Stephen medía ya más de un metro ochenta y eso le hacía torpe, falto de coordinación y poco atractivo para las chicas, además de padecer una acusada miopía, aunque ello no le impedía ser admirado por sus compañeros de la Durham Elementary School, básicamente por la gran cantidad de relatos de terror que había leído.

1959

David y Stephen añadieron a su amor por las palabras la confianza en el futuro que habían heredado de su madre. David descubre una vieja multicopista y empieza a escribir junto a Stephen un pequeño informativo local, el "Dave,s Rag", que vendían a cinco centavos. Stephen contribuía con reseñas de los espectáculos de televisión y relatos cortos. Posiblemente eran todavía los niños más pobres de la ciudad, pero fue suficiente para que el periódico local les dedicara un artículo bajo el título de "Unos niños de Dirham publican un brillante periódico local".

El problema es que David lo quería hacer todo y Stephen solamente era el corrector y apenas si tenía espacio para publicar sus crónicas. A decir de sus amigos, su aspecto grande y patoso no le ayudaba a que le tuvieran en cuenta. Siempre iba caminando con un libro en la mano y su familia temía que no llegase a su destino. Afortunadamente su afición a la lectura era compartida por su familia y cuando llegaban a cenar siempre compartían libros de bolsillo.

A los doce años, la pasión de King por la escritura sigue aumentando al descubrir unos viejos libros de ciencia-ficción y terror que pertenecían a su padre. Poco después, y con la ayuda de una vieja máquina de escribir, comienza a probar suerte enviando relatos cortos a las revistas.

Indudablemente el mundo de Stephen King giraba ya en torno a los libros, y un vistazo a su dormitorio hablaba perfectamente de sus inclinaciones: tenía las paredes llenas de libros de bolsillo. Cuando conseguía algún dinero extra se iba al pueblo más cercano para recrearse con su pasatiempo preferido, el cine, especialmente películas de terror de serie B. Sus amigos reconocen que le encantaba sentir miedo, quizá porque era miedoso y quería hacerle frente.

Cuando no podía ir al cine iba a casa de sus amigos y se quedaba viendo películas mejicanas de terror en la televisión, pero insistiendo en que los vampiros y monstruos que salían en la pantalla no le asustaban. Pero un día, uno de sus amigos quiso darle una lección por hacerse el valiente. Paseando por detrás de la iglesia llegó hasta un campo santo. En ese momento vio a Stephen llegando por la calle (eran las dos de la madrugada), y simulando salir de la iglesia comenzó a gemir y rugir como si fuera un muerto viviente. Stephen se tiró al suelo llorando de miedo y allí se quedó hasta que su amigo, preocupado por la palidez de su rostro, le zarandeó y le explicó que era una broma. Por supuesto, nunca le perdonó ese susto a su amigo.

Stephen tenía de hecho una gran cantidad de temores. Arañas, espacios cerrados, el número 13, la oscuridad; pero más que nada, lo que temía era la delgada línea que separaba el bien del mal.

"Yo deseo hacer algo fuera del terror, pero cuando pienso que lo hago, entonces de repente descubro que estoy como el tipo en la historia de Auden que corre y corre, y finalmente acaba en un hotel barato. Baja al vestíbulo y abre una puerta, y allí se encuentra sentándose bajo una bombilla desnuda, mientras escribe."

1960

Su madre no quería hablar mucho de su padre, salvo negativamente, pero en los pocos momentos que trataba de ser imparcial les comentaba su afición por la escritura, hasta tal punto que había intentado ser escritor, pero había recibido muchas negativas de las editoriales.

"Las cartas –comenta Stephen- sugerían que tenía gran talento y le pedían que enviase otras historias. Un día, le pregunté a mi

madre qué eran y porqué las guardaba. Se rió y alegó que mi padre no era constante en nada. Por eso huyó del matrimonio".

Ese año presentó su primera historia para su publicación, pero fue rechazado y a este intento siguieron otros muchos; pero a diferencia de su padre Stephen sí era constante y tenaz. En otoño empezó a ir al instituto Lisbon donde, además de destacar, se ganó tres días de expulsión por publicar una parodia del periódico The Drum del instituto, aunque poco después consiguió que le aceptasen algunos de sus relatos cortos. También escribió para el periódico local, Lisbon Weekly Enterprise. Su primera historia, titulada *In a Half-World of Terror,* se publicó en un fanzine de terror.
Simultáneamente aprendió a tocar la guitarra y formó un grupo, afición que ha conservado hasta ahora, siendo habitual verle tocando la guitarra eléctrica con sus amigos, y hasta ha dado algún concierto. En esa época parece ser que dedicó algún tiempo a trabajar a tiempo parcial excavando tumbas, algo que parece ser le causaba gran entusiasmo.

"Una vez nos tocó excavar una para un fiambre llamado Newell –cuenta-, *aunque al final no llegamos a enterrarlo y solamente hicimos el hoyo. Nos pagaron en aquella ocasión 50 dólares, lo que para entonces era una fortuna".*

Este trabajo le sirvió para comenzar a escribir un relato corto titulado *I Was A Teenage Grave Robber* (Fui un ladrón de tumbas adolescente), un cuento sobre una persona que roba los cuerpos de las tumbas para un científico loco.

1962
Entre 1960 y 1963 publicó el famoso *People, places & things. Vol. I* (Gente, lugares y cosas, Vol. I), escrito junto a Chris Chesley, su amigo de la infancia. Eran 18 cuentos, ocho escritos por King, nueve por Chesley y uno en colaboración. Desdichadamente, él único ejemplar disponible está en manos

de King, aunque algunos coleccionistas poseen algunas fotocopias (todas las escritas por King, junto con la escrita en conjunto con Chesley, exceptuando "The dimension Warp" y "I'm falling", las cuales se perdieron y no se tienen datos acerca de ellas), pero la versión de imprenta es imposible de conseguir. Contiene los siguientes relatos escritos por King:

The Hotel At The End Of The Road
I've Got To Get Away
The Dimension Warp
The Thing At The Bottom Of The Well
The Stranger
 I'm Falling
The Cursed Expedition
The Other Side Of The Fog
Never Look Behind You (King-Chesley)

1964

King termina de escribir *In a Half World of Terror*, el que después sería su primer trabajo profesional, pero bajo el titulo de *I Was A Teenage Grave Robber*. La historia tiene algo de autobiográfica, y nos habla de Danny Gerard, un huérfano, que acaba siendo reclutado como ladrón de tumbas para los experimentos de un científico loco, y todo por el amor a una mujer. La editorial es Comic Review y aunque no le pagan por ello, la alegría de King es inmensa, imaginándose ya como un escritor de prestigio. Pero el número total de ejemplares vendidos no sobrepasó los 6.000, una cifra ciertamente pequeña para los EE.UU. Actualmente resulta imposible encontrar algún ejemplar.

Este mismo año comenzó a publicar por su cuenta en la escuela *The Village Vomit*, una revista satírica en la que criticaba a los profesores de la universidad. Fue amonestado severamente y casi expulsado de la escuela.

También publicó con Triad and Gasligth Books un libro titulado *The Star Invaders*, en dos partes.

1965

Escribe *The Night Of The Tiger*, pero no consigue publicarlo hasta que fue famoso. Se trata de una historia corta ambientada en un circo, mezclando los payasos y saltimbanquis con una sobrenatural relación entre hombres y tigres.

Se publicó definitivamente en 1978 en The Magazine Of Fantasy & Science Fiction, un año después en The Year's Best Horror Stories VII y en 1988 en The Best Horror Stories From The Magazine Of Fantasy & Science Fiction. Un año más tarde en la misma colección, y en 1992 en Horror story.

Escribe también, *The Aftermath*, nunca publicada.

1966

Tras el paso por la escuela primaria de Durham se gradúa en la Lisbon Falls High School en 1966, donde se especializa en Filología Inglesa. Durante los años que duró la Universidad Stephen King empezó a dar muestras de su futura impresionante proliferación literaria, no pasando en absoluto inadvertido. Era un chico grande, mal vestido, con barba y pelo largo. Según su profesor, Stephen tenía mucho carisma y hablaba siempre para todos, y las cosas que decía eran muy inteligentes.

"Mi carrera en la escuela secundaria fue totalmente mediocre – rectificó King-. *Yo no estaba en la cima de mi clase, ni al fondo."*

Un tema por el que destacó fue por su oposición a la guerra del Vietnam. Su protesta tomó forma en una columna que publicaba en el periódico de la universidad titulada "El camión de la basura de King". Además de este trabajo también publicó un cómic por entregas llamado "Slave", mientras seguía escribiendo muchas novelas. Durante estos años empezó a escribir su primer gran libro, "Getting It On" más conocido como *Rage* (Rabia). Este libro parece ser que fue consecuencia de los duros años de estudiante y de las burlas que sus compañeros le hacían por ser demasiado patoso y cegato.

La historia nos habla de un estudiante de secundaria perturbado, que un día decide matar a uno de sus maestros y utilizar al resto como rehenes. Charlie Decker explica lo que condujo a esta serie dramática de acontecimientos, mientras que al mismo tiempo describe las personalidades de sus compañeros de clase, obligando a que cada uno justifique su comportamiento.

King no parecía estar en su mejor momento psicológico, pues parece ser que ese año pilló su primera borrachera, a la que seguirían otras muchas.

1967

Al año siguiente, King termina de escribir otra de sus obras más conocidas, *The Long Walk* ("La Larga Marcha"). Realmente fue publicada años después (1979) con el seudónimo de Richard Bachean, y es la historia de cómo un muchacho llamado Ray Garraty debe sobrevivir al desafío más importante de su vida: La Larga Marcha. Este evento anual consiste en que 100 jóvenes empiezan caminando; si recorren solamente 4 millas por hora, les hacen una advertencia; después de 3 advertencias, si reducen de nuevo la velocidad, se acabó.

Aunque la historia es interesante y puede ser leída, merece alguna crítica, esencialmente por el final, demasiado predecible, incluso desde el principio.

Stephen hizo su primera venta de una historia corta profesional con el relato *The Glass Floor* publicado en Startling Mystery Stories, recibiendo como pago 35 dólares. Ese dinero era muy poco para sobrevivir, y para añadir algo a los 5 dólares que su madre le enviaba a la semana, Stephen empezó a trabajar en la biblioteca de la universidad.

1968

Durante su segundo año en la Universidad de Maine en Orono, siguió escribiendo la columna semanal para el periódico escolar, "El campus de Maine", con una columna llamada *King's*

Garbage Truck. También mantuvo su activa vida política mientras militó como miembro del Student Senate.

En 1968 King comprueba la dureza del mundo editorial después de que su novela *Sword in the Darkness* fuera rechazada en 12 editoriales. Afortunadamente, este año comienza su colaboración en diversas revistas como "Cain Rose Up", "Here There Be Tigers" y "Strawberry Spring".

Sword in the Darkness es una dos los trabajos inéditos más largos de King, alrededor de 485 páginas (150.000 palabras), y estuvo acabado definitivamente en abril de 1970. Nos habla de un disturbio racista en una gran ciudad americana. Aunque se supone que la novela analiza el racismo, realmente nos describe la vida en la escuela secundaria, pues los disturbios tienen lugar en las últimas 80 páginas del libro.

1969

Fue uno de los años más importantes de su vida ya que en él conoció a la que sería su futura esposa, Tabitha Jane Spruce, en la biblioteca de la Universidad. Finalmente se graduaría en mayo en Filología Inglesa (Bachelor of Science degree in English), aunque con el título no vino el trabajo, y sin tener empleo como profesor King terminó trabajando en una lavandería llamada New Franklin.

"Era el estudiante –comentó su esposa Tabitha- más pobre de la universidad. Por entonces calzaba chancletas de goma porque no podía comprarse zapatos. Afortunadamente ambos compartíamos la pasión por los libros".

1970

En esa época es cuando empezó a acusar ciertos problemas de salud, como hipertensión, miopía, pies planos y zumbidos de oídos.

Publica *Graveyard Shift* (El último turno) en Cavalier, por 200 dólares. Se desarrolla en un ambiente rural, en donde un molino de algodón es invadido por las ratas, y para expulsarlas el capataz asigna a diversas personas para que entren en el sótano, donde encontrarán la muerte.

"Mi esposa insistía en decirme que trabajaba demasiado duro – aseguró con una sonrisa-; *algo que sigue haciendo"*.

1971

El 2 de enero de 1971, y una vez conseguido el título universitario, Stephen King contrae matrimonio con Tabitha Jane Spruce, que también ha ganado con el tiempo cierto prestigio como escritora. Inicialmente tuvieron que limar ciertas diferencias entre ambos, esencialmente porque Stephen fue educado en la comunidad Metodista y asistió a la iglesia regularmente en su juventud (ahora ya no asiste a la iglesia, aunque dice creer en Dios y leer la Biblia), mientras que Tabitha se confiesa católica.

A finales de ese mismo año nace su hija Naomi Rachel King, algo que indudablemente obligaría a la familia a tomar nuevas decisiones. Se instalan en un trailer a las afueras de Hermon y además de su trabajo en la lavandería New Franklin debe aceptar trabajar en una gasolinera, en ambos por un sueldo miserable, 1,80 dólares a la hora. Ella, por su parte, trabajaba en una cafetería vendiendo donuts. Al cabo de los años confesó que cuando estaba trabajando en la lavandería, se sentía profundamente deprimido.

"Pensaba que lo único que había conseguido, tras estudiar en la universidad, era reproducir la vida de mi madre. El poco tiempo que me quedaba libre, después de mis obligaciones como padre, los pasaba en la máquina de escribir".

Finalmente comienza a dar clases de inglés en la Hampden Academy, trabajo que mantuvo hasta 1974. Ahora ganaba ya 5.600 dólares al año, una fortuna si lo comparamos con lo anterior. Acaba por fin *Getting It On* ("Rabia"), publicada con el título de *Rage*.

Esos cambios económicos permiten que durante los primeros años de matrimonio Stephen King y su familia salieran adelante gracias al sueldo combinado de la lavandería, la gasolinera, sus clases de inglés y los ingresos ocasionales producto de la venta de sus historias y novelas, además del trabajo de Tabitha.

A lo largo de sus primeros años de matrimonio continuó vendiendo historias a las revistas para hombres, muchas de las cuales fueron recogidas posteriormente en *Night Shift*. Realmente se trata de una recopilación de la historia cortas de Stephen King, pero nos deja en casi todas ellas con un final oscuro, irresoluto. La mayoría de las historias son una mezcla de magia, nostalgia, oscuridad y fascinación romántica del horror. Como muchas de las antiguas historias de King, la nueva lectura, con más años a nuestras espaldas, nos da opiniones diferentes. Simplemente hay que leerlas sin espíritu crítico.

1972

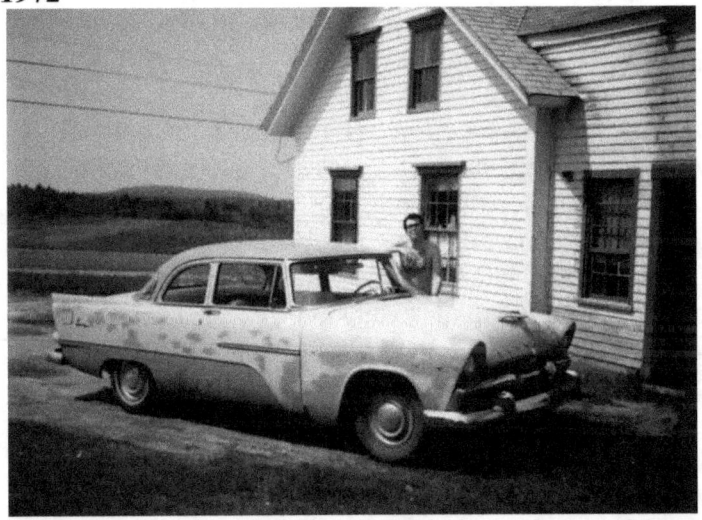

A comienzos de este año, cuando contaba ya 25 años, King escribe *The Running Man* en el tiempo récord de una semana. Posteriormente comienza a escribir una historia corta titulada *Carrie*, aunque la consistencia de lo descrito le obliga a aumentar la extensión de lo que luego sería su obra más famosa.

Sin embargo, todavía seguían viviendo en la caravana y tenían que llamar periódicamente a la compañía telefónica para que los cortasen el teléfono, pues no podían pagarlo.

El segundo hijo de la familia, Joseph Hill King, nació el 4 de junio de 1972, por lo que durante ese verano tuvo que volver a trabajar en la lavandería para aumentar su sueldo como profesor. Durante el otoño se pasaba el día dando clases, luego volvía a casa y corregía los trabajos, preparaba las siguientes clases y ya entonces volvía a escribir apoyando la máquina en su regazo, pues la mesa estaba llena de anotaciones.

La publicación de sus relatos en revistas para hombres se estabilizó, siendo Dude y Swank sus mejores clientes. Ganaba entonces unos 250 dólares por historia, pero el dinero desaparecía tan pronto como entraba.

"Quería enviarle a mi madre algunas de las historias que me habían publicado, pero las tuve que fotocopiar en la biblioteca de la universidad de Maine, porque tenían muchos anuncios eróticos, con chicas desnudas y cosas así".

Publica *Sometimes They Come Back* (La resurrección del mal), y le pagan ya 500 dólares. Es la cifra más alta que había cobrado hasta entonces. Desdichadamente, su cuarta novela, *The Running Man,* es rechazada por Doubleday y Ace Books, dedicándose con más interés a su historia *Carrie* que va aumentado cada vez más su extensión. Publica los relatos *Battleground*, *The Fifth Quarter* (con el pseudónimo de John Swithen), *The Mangler* y *Suffer The Little Children.*

1973

Stephen escribía historias tan rápido como podía, pero a medida en que aumentaban sus responsabilidades familiares le parecía que jamás rompería ese círculo de ganar lo suficiente para sobrevivir. Su frustración le llevó varias veces al bar del pueblo, a la mesa de póquer, donde pasaba la noche fumando y jugando con sus amigos; pero aquello generaba todavía más estrés en su casa.

"Yo me enfada más –dijo Tabitha- *por los cinco dólares que se gastaba en tabaco que por otra cosa. Lo que me ponía furiosa era que quemara, literalmente, el dinero".*

Los libros habían sido siempre el refugio de Stephen, pero ahora debía afrontar el hecho de que ni siquiera libros podía comprar.

"A veces discutíamos porque se compraba libros de tapa dura y discutíamos por ello porque esos eran libros muy caros".

Justo cuando las cosas parecían ponerse peor, Stephen se dio cuenta que había hecho una amistad muy valiosa. William Thompson, un editor veterano de Doubleday, aceptó leer tres de sus manuscritos, pero no lograba convencerle de que se los publicase.

"Cuando llevaba varios años sin saber de él –explica Thompson- *un día alguien me dio un calendario de música country y se lo envié a King diciendo que si se había dado cuenta de que su cumpleaños coincidía con el de A.J. Carter. La verdad* –le dije- *aunque no sepa nada de ti no quiero verte en la lista de escritores amargados".*

Este mismo año Stephen King seguía trabajando en *Carrie* que esperaba vender a una revista para chicas por unos cientos de dólares. Trataba de la hija de una fanática religiosa, marginada por los jóvenes por su inocencia. Pero Stephen pensó que no sabía lo suficiente sobre chicas adolescentes como para describir ese personaje, así que siguió sin valorarlo en su justa medida.

"Echó la primera parte a la papelera –dice Tabitha- *y cuando la estaba vaciando en el contenedor de basuras vi que era un bloque significativo de papeles, así que los guardé y me los leí".*

Stephen estaba pensando ya que era un fracasado, pero ante la insistencia de su mujer lo terminó y se lo envió a William. Cuando el editor lo leyó pensó que aquello era realmente interesante y le dijo:

"Creo que esto merece la pena, pero tienes que volverlo a escribir. Vamos a ir adelante porque creo que merece la pena arriesgarse".

Para dedicar todo el tiempo a la escritura, dejó las clases de inglés y al poco tiempo le entregó el manuscrito corregido. Todo fue bien y recibió un cheque de 2.500 dólares que acabaron momentáneamente con sus problemas económicos.

Al finalizar el verano de 1973, los King se mudaron a Maine, debido a que la madre de Stephen estaba mal de salud. Alquilaron una casa de verano en el Sebago Lake en North Windham durante todo el invierno, lugar en donde Stephen comenzó a escribir su próxima novela, originalmente titulada *Second Coming* y posteriormente *Jerusalem`s Lot* -más tarde rebautizada como *Salem`s Lot*-, en un cuarto pequeño en el garaje.

Salem`s Lot nos cuenta la tenebrosa historia desarrollada en una aldea pequeña denominada Jerusalem's Lot, en donde aparece un vampiro indudablemente inspirado en el Drácula de Bram Stoker. Ello le lleva a King a relacionar ese pueblo con Maine, básicamente donde las personas están desconectadas entre ellos, mientras alimentan su potencial para causar el mal. Si la tomamos como una novela de vampiros indudablemente disfrutaremos de su lectura, más que nada porque está ambientada en nuestra época, aunque deberíamos juzgarla también por su crítica social.

"Lo que realmente me gusta de 'Salem's Lot' –dijo en 1983-, no son los vampiros, sino la vida de los habitantes del pueblo. En Maine las personas tenían casi todos una vida oculta, no

necesariamente reprochable, pero demasiada cerrada a los demás".

1974

Doubleday sacó a la venta *Carrie* en abril de 1974, con la que se ganó el favor de la crítica. La historia de una jovencita marginada, inocente en todo lo relacionado con el sexo, y abrumada por su madre, una mujer histérica amargada porque su marido la abandonó, consiguió el aplauso del público. Una vez que supo adornarla con poderes telequinésicos para hacer justicia, el público joven respondió a sus expectativas.

Escribe *Blaze*, y termina *Second Coming* (Salem's Lot), estableciéndose definitivamente en North Windham (Maine) donde, por fin, ya tienen de nuevo línea telefónica sin cortes.

Carrie tuvo, sin embargo, un éxito económico moderado primero, pues vendió solamente 13.000 ejemplares. Afortunadamente, los derechos para la edición en rústica habían sido vendidos a la editorial Signet, quien pagó 400.000 dólares por los royalties del libro.

"Cuando me dijo la cifra -comenta King- no me la podía creer, y recuerdo que el teléfono estaba en la cocina, que me fallaron las piernas y me apoyé contra la pared hasta que me caí al suelo".

Por aquel entonces, la política de Doubleday era vender los derechos en rústica a partes iguales con el autor, por lo que Stephen ganaría 200.000 dólares, suficiente para dedicar todo el tiempo a escribir. En diciembre de ese año murió de cáncer de pulmón su madre y Stephen quedó aturdido por su muerte, sobre todo cuando se enteró que los cinco dólares que ella le enviaba todas las semanas suponían privarse hasta de comer suficientemente.

También tenía que luchar contra otro demonio: ¿Llegaría a ser un número uno? Uno de sus sueños era comprarse un Cadillac rosa con el producto de las ventas de su primera novela, y darse una vuelta por el campus de la universidad. Finalmente, decidió no comprárselo rosa, sino rojo, blanco y azul, aunque su humildad no le permitía ir a visitar a sus amigos con él, por lo que conservó su oxidado coche de 100 dólares para sus visitas.

Stephen no era tonto, y pensó que aunque había conseguido un éxito no era probable que siguiera la racha. Así que intentó disfrutar muestras duraba. En esa época escribía constantemente, unas 1.500 palabras al día, inspirándose en la gente que conocía, en los incidentes cotidianos.

A pesar de ser una persona imaginativa, ni en sus mejores momentos supo ver lo que el destino le tenía deparado. En esa época se había estrenado con gran éxito el filme "La semilla del diablo", una historia sobre posesiones demoníacas que tenía como protagonista a Mia Farrow. Desde ese momento las películas de terror se pusieron de nuevo de moda y la Columbia acogió la historia de *Carrie* para su nueva película. Eso permitió que Stephen se plantease dejar Maine definitivamente y en otoño de ese año deciden abandonar North Windham para irse a Boulder, Colorado. Allí, sin embargo, tenía dificultades para concentrarse en su trabajo. Empezaba una historia tras otra, pero nada cuajaba. Pensando que quizá le vendrían bien unos días de descanso, preguntó a los lugareños dónde podrían pasar él y su familia un fin de semana tranquilo y la gente les recomendó el Hotel Stanley, prácticamente cerrado en esta época del año. Una vez allí, y siendo casi los únicos huéspedes, la imaginación de King empezó a trabajar y comienza a esbozar *The Shinning* (El Resplandor). Paseando por el pasillo se fijó de repente en la manguera enroscada, y en su imaginación la veía caer al suelo y cobrar vida. La idea inicial era la de un niño con poderes paranormales poseído por el diablo dentro del Hotel Overlook de Colorado, y cuya vida está amenazada por su padre borracho. Esta no era, sin embargo, una historia de terror más. Stephen estaba escribiendo sobre sus propias experiencias.

"Cuando llevas trabajando tres o cuatro años y hay problemas de dinero -dijo-, se crea mucho estrés en la pareja y muchas de

estas cosas las reflejé en la novela 'El resplandor'. Allí escribí sobre el alcohol, sobre la rabia, sobre muchas de las cosas que sentía en el momento".

La novela se terminó en Colorado y aunque Boulder le había servido de inspiración, el corazón de Stephen estaba en el este; echaba de menos las pequeñas ciudades de Nueva Inglaterra. En esa época ya había comenzado a ser considerado por los aficionados como el mejor escritor de terror, aunque los críticos no opinaban lo mismo.

Escribe *Roadwork* (que se publicaría inicialmente con el seudónimo de Richard Bachman); comienza a escribir *The House On Value Street* que acaba convirtiéndose en *The Stand* (La tienda), y se publican de nuevo revisados *Night Surf* y *Sometimes They Come Back*.

1975
En 1975 la familia King retorna a Maine, concretamente a Bridgton.

Cuando envió a Doubleday el manuscrito de *El misterio de Salem's Lot,* aquella historia sobre vampiros ambientada en una pequeña ciudad de Maine, se alegró de que fuera aceptado, más que nada porque el editor vendió cuanto antes los derechos en rústica por 500.000 dólares. En poco tiempo había ganado mucho más de lo soñado en sus momentos de delirio, pero aún le quedaba las ventas de los derechos para el cine.

Escribe *The Lawnmower Man*, una historia de ciencia-ficción sobre un cortador de césped, un hombre aparentemente idiota, pero que logra apoderarse de una máquina de realidad virtual y poner en jaque al gobierno. Cuando sus neuronas son estimuladas de forma subliminal consigue traspasar las fronteras entre lo virtual y lo real, hasta el punto de convertirse en un poderoso ser demoníaco.

"Mi esposa me ha contado que en esa época –contó King-, desde la cinco de la tarde hasta bien entrada la noche, yo estaba totalmente borracho. Pero eso sí, según ella, había por las tardes un período de dos o tres horas en el que se podía hablar conmigo como si fuera un ser humano". -Se ríe recordando aquellos días-. *"Nunca fui el tipo que decidía tomar un gintonic antes de cenar. Directamente me tomaba 12 de ellos, mandaba a la mierda la cena y me tomaba 12 más."*

1976

Carrie fue llevada al cine y una nueva legión de admiradores se sumó a los anteriores. La película fue un éxito de taquilla y eso que habían invertido algo menos de dos millones de dólares, alcanzando la recaudación 30 millones de dólares solamente en los Estados Unidos. A Stephen le encantó lo que el director Brian DePalma había hecho con su historia. Además, con el éxito del filme Hollywood se rindió a sus pies.

El elevado número de ventas de sus libros le permitió pedir a su editor que publicase algunos libros que había rechazado antes, especialmente la primera novela que había escrito, *Rage* (Rabia). Se trataba de la historia de un estudiante que toma por asalto su escuela y utiliza a sus compañeros por rehenes. Sin embargo, Doubleday no quería saturar el mercado con su nombre, así le convenció para que publicase algunas novelas con el seudónimo de Richard Bachean, como así se hizo. Pero fue un fracaso total, lo que decepcionó a Stephen.
Comienza y abandona las novelas *Welcome To Clearwater* y *The Corner,* recibiendo una nominación para el World Fantasy Award por *Salem's Lot.* Publica también *I Know What You Need* y *The Ledge,* una historia sobre un profesional del tenis que está manteniendo un romance con una mujer casada ciertamente perversa. Ella, además, está casada con un mafioso que no tiene ningún interés en compartir a su esposa y planea su venganza.

1977

Se publica *El resplandor* y se vendieron 50.000 libros de tapa dura y de esta forma entró en una categoría superior como escritor, pues este era su primer éxito en cartoné.

King y su familia viajan a Inglaterra, donde conoce a Peter Straub, y de aquí salió la idea de colaborar en alguna novela, hecho que sucedió con *El Talismán (1984)* y su continuación *Black House (2001)*. Nacido en Milwaukee, Peter Straub es autor de catorce novelas que se han traducido a más de veinte idiomas. Ha ganado el British Fantasy Award, dos Bram Stoker y dos premios World Fantasy.

King completa los primeros borradores de *The Dead Zone* (La zona muerta), *Firestarter* (Ojos de fuego) y *Cujo*. A la vuelta de Inglaterra (3 meses) se van a vivir a Center Novell, Maine.

Este año publica su primer libro como Richard Bachman, *Rage*, y también *The Shinning, The Cat From Hell, Children Of The Corn* (Los chicos del maíz), *The Man Who Loved Flowers, One For The Road y Weeds*. Su prestigio aumenta cuando es nombrado juez de los premios World Fantasy Awards 1997.

"Para mí, el proceso de escritura es como un tipo de baile en el cual el autor investiga los miedos privados de cada lector. Con esta idea suelo hacer un recorrido macabro por el género de horror, los monstruos cinematográficos, ambientándolos principalmente en la post-guerra.

No se trata realmente de un baile de muerte. Hay otros elementos que conducen, en el fondo, a un baile de sueños. Es una manera de despertar al niño que llevamos dentro, quién nunca se muere y sólo duerme más profundamente al llegar a la madurez. Si las historias de horror son el ensayo para la muerte, entonces sus moraleja es que también suponen una reafirmación de vida y un buen testamento para comprender el infinito."

1978

Se van a vivir a Orrington, donde nace Owen Phillip, su último hijo. A esa alegría se le suma el haber publicado lo que para él es su obra maestra, *Apocalipsis*. Es, además, el favorito de sus lectores y el que mayor demanda ha tenido. Describiendo a sus personajes de forma detallada, tal y como hacía Dickens, nos encontramos con una novela apocalíptica sobre una epidemia de gripe que mata a la mayor parte de la población. Los sobrevivientes asesinan a sus propios compatriotas para conseguir comida.

Se publicó una edición de 1.200 páginas y cinco kilos y medio que se agotó en los primeros días, aunque ahora sabemos que Doubleday se negó a publicarlo hasta que Stephen le quitase 450 páginas; pero él, consciente de que le había hecho ganar muchos millones, consideró que tenía la última palabra. No obstante, la editorial insistió y le recordó el contrato firmado hace años por el cual le aumentaban poco a poco su sueldo, lo que ocasionaba que apenas si veía beneficios proporcionales. Pero lo que de verdad le enfadó es cómo le trataron, siendo como era, su escritor número uno. El editor, por el contrario, tenía una opinión distinta. *"Cara vez que venía a Nueva York a verme – cuenta William- y hablarme de un manuscrito, recorríamos los pasillos de la editorial y si aparecía algún directivo que no le reconocía yo tenía que presentárselo. Estaba, en cierto modo, poseído de su fama"*.

Las discrepancias anteriores ocasionaron que ese año dejase a Doubleday y negociase con la New America, su editorial en cartoné. Allí le dieron dos millones de dólares de adelanto por tres libros. Muchas cosas habían pasado desde que, siete años antes, aquél escritor había llorado de alegría al recibir 2.500 dólares en concepto de adelanto por *Carrie*. Jamás volvería a ser un escritor con dificultades; tenía dinero y fama, pero pronto se daría cuenta que la buena suerte tenía un precio.

Como lugar de residencia escogieron un sitio cerca de Maine, alquilando una casa en Orrington, al lado de una carretera en la que no tardarían en descubrir el peligro. De hecho, habían muerto tantos animales atropellados por los camiones, que había un cementerio para ellos al lado de la casa de Stephen. Los vecinos del pueblo solían recoger al animal muerto, y lo transportaba en un carrito hasta el cementerio, donde se excavaba la tumba y se efectuaba una pequeña ceremonia, poniendo un cartel con el nombre del animal, finalizando con una pequeña fiesta. Cuando el gato de la familia murió atropellado también fue enterrado allí, y luego los King sufrirían la peor de las pesadillas cuando su hijo pequeño estuvo a punto de morir igualmente atropellado.

Al igual que muchos de los peores temores de Stephen, la historia se convirtió en novela; Pet *Sematary* (Cementerio de animales), es la historia de un padre que rescata a su hijo de entre los muertos y debe sufrir las consecuencias. Pero Stephen, como padre, se sintió horrorizado de lo que había escrito y metió el manuscrito en un cajón durante tres años y no lo volvió a tocar.

Este año publica su primera recopilación de cuentos, *Night Shift*, que incluye los relatos ya publicados *Jerusalem's Lot*, *The Last Rung On The Ladder*, *Quitters Inc.* y *The Woman In The Room*. También publica los relatos sueltos *Man With A Belly*, *The Night Of The Tiger*, y *Nona*. Sigue adelante con su obra *The Dead Zone* (La zona muerta), más acorde con su forma de pensar, e incluso la posterior adaptación al cine ha sido igualmente de su agrado. Los poderes paranormales de una persona para averiguar el futuro con el sencillo y fugaz hecho de agarrarlas la mano, le causan problemas y disgustos, pues el mundo no es tan benévolo como parece ser.

"Una vez le dije –comenta su profesor Burt Hatlen- *que 'La zona muerta' reflejaba su personalidad, esa zona de nuestra mente que nos hace diferente y que podemos poner al servicio de los demás".*

Pero ese don se puede hacer insoportable cuando los demás creen que debe ponerse al servicio de otros de modo casi obligado. Para relajarse hizo algunos anuncios publicitarios y comenzó a trabajar como actor secundario, siempre en papeles muy cortos.

Su popularidad indudablemente comenzaba a ser molesta, pues numerosos lectores se acercaban hasta su casa para hablar o que les firmase autógrafos, y eso a cualquier hora del día. También había muchos que solamente le pedían dinero o le entregaban manuscritos. A Stephen le parecía cada vez más difícil mantener la intimidad y a medida en que iba aumentando su popularidad sus lectores se obsesionaban más.

1979

En 1979, además de terminar *Christine*, y *Dance Macabre*, Stephen King consigue entrar en la lista de Best Sellers por *The Dead Zone*, apareciendo en el mercado el segundo libro de Richard Bachman, *The Long Walk*. Ahora nos habla de un desafío en el cual los 100 competidores originales deben pasar a menos de 50, mientras que el lector se plantea ¿Quién morirá luego? ¿Cómo morirá? ¿Quién conseguirá el premio final?

El estreno en el cine de *El resplandor* fue un acontecimiento mundial, esencialmente porque estaba avalado por un director de gran prestigio como era Stanley Kubrick. El filme fue todo un éxito y uno de los que más dinero proporcionó a la Warner Bros. Stephen le pareció un filme sorprendente y terrorífico, pero con una historia que olvidaba el eje principal: la desintegración de la familia. Indudablemente Kubrick había dejado fuera el verdadero propósito del libro y había querido crear su propia historia basada en la locura de Jack. Eso le hizo desconfiar de Hollywood y quería decidir sobre quién dirigiría sus historias.

Pero el año 1979, de cualquier manera, y todavía bebiendo en demasía, King llegó a su punto más problemático.

"Las drogas fueron una historia diferente —explica-. La cocaína, apenas la aspiraba, ya se adueñaba de mí, en cuerpo y alma. Era algo que mi sistema quería. Y lo estuve haciendo durante casi ocho años. No es un tiempo tan terrible para ser un adicto, pienso. Pero sí más largo que la Segunda Guerra

Mundial... -ríe al recordarlo-. Y si bien nunca escondía que era alcohólico, sí en cambio escondí las drogas, porque sabía que eran un problema."

1980

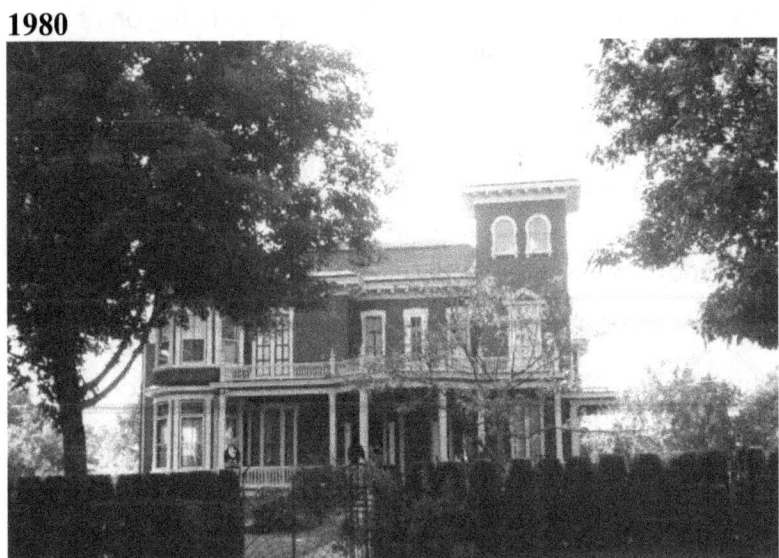

Al año siguiente King compró una mansión victoriana en Bangor (Maine), una casa de 28 habitaciones que requirió un arreglo de tres años para restaurar un edificio que tenía ya 126 años. Con una piscina cubierta de 14 metros de largo, su comodidad se vio empañada cuando descubrieron que tenían como huéspedes a una colonia de murciélagos.

"Nunca les matamos –dijo Tabitha-. Simplemente les invitaba con mi escoba a que se fueran".

Una vez en la intimidad y tranquilidad de su familia la producción de Stephen se disparó y se convierte en el primer autor que tiene tres libros simultáneamente en la lista de Best Sellers: *Firestarter, The Shinning* y *The Dead Zone*. Este año termina *It, eso,* una historia en la que pretendía reflejar los miedos frecuentes en la niñez y juventud, algunos de los cuales podían marcar la madurez. Cuando los protagonistas se reúnen después de los años, descubren que siguen marcados por aquellos temores de su infancia, especialmente si el demonio tiene forma de payaso asesino.

También escribió a partir de ese año poesías, obras de teatro y relatos cortos, mientras que algunas de sus novelas fueron objeto de estudio en las universidades. Los críticos, por su parte, atacaban duramente todas las obras de King, diciendo que era un escritor de poca monta que solamente buscaba dinero rápido. Eso influyó también para que en muchas bibliotecas de los colegios se prohibieran sus libros al considerarlos poco adecuados para los niños y jóvenes. Por si fuera poco, la alarma saltó cuando unos tiroteos en una escuela parecían sacados fielmente de la novela *Rabia.*

"Si hay algo que lamento de mi carrera es haber publicado esa novela".

1981

Después de escribir *The Pet Sematary* (Cementerio de animales*)* publicó una obra titulada *Bag of Bones* (Un saco de huesos). La historia vuelve al tema de la pérdida de un familiar, y agrega la idea de una casa clásica y los elementos familiares de sus trabajos anteriores: un pueblo pequeño donde las personas se conocen entre ellos, la colectividad culpable, y un héroe que no puede evitar la confrontación con los poderes malignos. Crímenes pasados, pecados y secretos, escondidos profundamente, se revelan gradualmente en un análisis del consciente e inconsciente al estilo de Freud.

King recibe el "Career Alumni Award"otorgado por la universidad de Maine. Nominado para la "World Fantasy Award" por *The Mist* y nominado para el premio "Nébula" por *The Way Station*, recibe también un premio especial, "British Fantasy Award", por su contribución al sector. Publica *Danse Macabre, Cujo, Roadwork* (como Richard Bachman), *The Bird And The Album, The Blue Air Compressor, The Gunslinger And The Dark Man, The Jaunt, The Man Who Would Not Shake*

Hands, Do the Dead Sing?, The Oracle And The Mountains y *The Slow Mutants*. Tabitha publica sus primeras novelas *Small Wolrd* y *Blue Chair*. Indudablemente, esos años están marcados por los numerosos premios literarios que va ganando.

1982

Este año se estrena *Creepshow,* donde también hace un pequeño papel. Su experiencia como actor en la universidad le ha permitido realizar algunas pequeñas apariciones en las adaptaciones cinematográficas de sus trabajos, entre ellos en este filme dirigido por George Romero en el capítulo The Lonesome Death of Jordy Verrill, en el papel de Jordy Verrill.

Aparece la saga más conocida de su obra, *The Dark Tower: The Gunslinger* (La hierba del diablo), con el capítulo de apertura, en donde nos habla de Roland, el último pistolero, quien tiene como meta la Torre Oscura, el nexo de todos los universos; pero el poder de este icono misterioso está fallando, amenazando toda la existencia.

Gana el premio "Hugo" a la mejor obra de no-ficción del año por *Danse Macabre*, y también gana el "World Fantasy Award" por *Do the Dead Sing?* (que apareció posteriormente en el recopilatorio de cuentos Skeleton Crew como *The Reach*). También gana el "British Fantasy Award" por *Cujo*, esa historia del gran perro que, atacado por la rabia, se comporta como el mejor de los asesinos.

Es nominado Mejor Escritor de Ficción del año por votación en el US Magazin y empieza a escribir *The Talisman* y *The Cannibals*. Es también el año de los libros *The Running Man* (como R. Bachman), *Different Seasons, Before The Play*, y el cómic *Creepy* junto a Bernie Wrightson (La cosa del pantano). Además, se publican nuevamente en una edición revisada *It Grows On You, The Raft, Skybar* y *Survivor Type*.

Ese año rescribió totalmente los cuatro primeros volúmenes de la novela *Dark Tower* publicada en 1970, pues siempre pensó que puesto que habían pasado ya muchos años, todo era diferente a cuando era joven.

"Siempre he intentado hacer algo importante, pero eso es difícil. Así que intenté simplificar un poco 'Dark Tower'. Ahora tiene mucho más material que encaja mejor en lo que vino después. Realmente, es una historia diferente. Si hubiera publicado la historia original y luego la nueva, seguramente nadie compraría la segunda; quizá los fans acérrimos".

1983

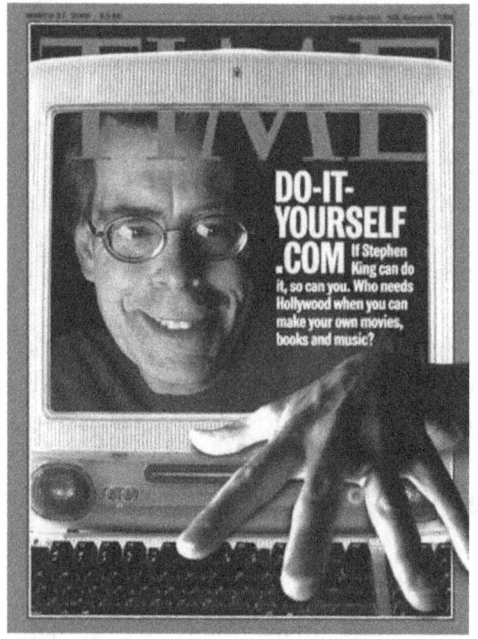

Completa el borrador de *The Talisman,* y de *The Tommyknockers*, esta última llevándonos a Haven, una pequeña ciudad de Nueva Inglaterra, en donde inesperadamente empiezan a producirse accidentes y asesinatos. Varios habitantes sufren terribles mutaciones y son capaces de comunicarse por telepatía. El misterio y la angustia aumentan a medida que se desarrolla el relato hasta alcanzar su sorprendente desenlace.
También finaliza *The Eyes Of The Dragon*, además del guión para *Cat's Eye*, siendo nominado para el "World Fantasy

Award" por *Different Seasons* y *The Breathing Metod,* logrando un record de adaptaciones de sus novelas al cine en un solo año: *Christine* (la historia de un coche que cobra vida para proteger a su amo), *Cujo* y *The Dead Zone.* También publica *Cycle Of The Werewolf, Uncle Otto's Truck* y *The Word Processor.* Tabitha publica *The Caretakers.*

1984

Los años siguientes van acrecentando la fama de King a base de premios y estrenos de películas basadas en sus obras como *Children of the Corn* (Los chicos del maíz) en 1984. Este filme, ahora ya un clásico del terror, nos muestra la maldad en manos de una pandilla de adolescentes, hasta tal extremo que se tuvo que mostrar en la mayoría de los países como autorizada solamente para mayores.

King ofrece el Discurso del Invitado de Honor bajo el título, "Dr. Seuss and the Two Faces of Fantasy" en la conferencia internacional de Fantasía Literaria. Se trataba de reflejar la obra del Dr. Seuss, quizá el autor más famoso de la literatura infantil, autor e ilustrador de casi 50 libros de versos. Sus libros son famosos por sus rimas divertidas e ilustraciones insólitas, destacando "El gato en el sombrero" y "How the Grinch Stole Christmas", de la cual se realizó en 1966 una serie animada de TV y en el 2000 una película protagonizada por Jim Carrey como "El Grinch". Concedieron al Dr. Seuss un premio Pulitzer en 1984.

Este año aparece en un anuncio de la financiera American Express.

Termina de escribir *Thinner* (Maleficio, como Richard Bachman), y *Missery,* además del guión para *Silver Bullet* (basada en su obra *The Cycle of Werewolf*), la historia de un hombre lobo que es descubierto por un niño inválido que utiliza para su desplazamiento una silla de ruedas. Eso supondrá, obviamente, que pase unos días, con sus noches, de auténtico terror al ser perseguido por ese hombre lobo.

Publica *The Eyes Of The Dragon* (en una edición limitada), *The Ballad Of The Flexible Bullet, Gramma* y *Mrs. Todd's Shortcut.*

La obra *The Talismán,* en colaboración con el también escritor de terror Peter Straub, la realizó usando un ordenador y un módem, mientras que *Blood and Smoke* se editó exclusivamente en versión audiocasete.

"Suelo exponer una obra aún inédita a la severa evaluación de Tabitha, mi esposa y crítica principal (que también es escritora), pero me gusta espiarla mientras ella lee una parte que cree divertida esperando una manifestación exterior: que pase la hoja sin inmutarse, que esboce una simple sonrisa, o (¡eureka!) que suelte una sonora carcajada".

1985

En 1985 King era ya un triunfador, pero eso no le impidió refugiarse con demasiada frecuencia en el alcohol y las drogas. Ese año reconoce que es también Richard Bachman, a pesar de la historia creada detrás de su alias, en la cual le inventa una biografía compleja donde tiene una mujer llamada Claudia Inez, y que su hijo muere en plena juventud por un accidente. Según la inventiva de King, Richard Bachman murió de cáncer y fue su mujer la que publicó, de manera póstuma, su última obra. Indudablemente, había mucha imaginación en esta biografía.

Pero el bulo pronto se desmontó gracias a que numerosos lectores y aficionados les relacionan por dos cosas principalmente: una, porque en los agradecimientos siempre aparecían personas cercanas a Stephen King, y otra, que su nombre aparece en los créditos de uno de los libros escritos por Bachman.

Pero para los aficionados este hecho no les supone ningún menosprecio hacia su escritor favorito, y este mismo año King bate un record que ya poseía: el de ser el autor con más libros suyos en la lista de Best Sellers simultáneamente. En esta ocasión fueron 5: *Skeleton Crew, The Bachman Books* (2 ediciones), *The Talisman* y *Thinner* (Maleficio).

Es invitado de honor en la tercera reunión anual del "Worl Drive-in Movie Festival and Custom Car Rally", publicándose *Castle Rock: The Stephen King Newsletter.* También se estrenan las películas *Silver Bullet* (Miedo azul) y *Cat's Eye* (Los Ojos del Gato).

1986

Defensor de la libertad de expresión, se siente orgulloso de casi todos sus libros y por ello encabezó una manifestación protestando por la prohibición de algunos de ellos en las universidades y escuelas. Uno de sus relatos cortos, *El Cuervo*, se estrenó en el cine con el título de "Cuenta conmigo". Esta historia, que marca su mayoría de edad como escritor, estaba basada en unos hechos acaecidos en Maine en los cuales estuvo involucrado con unos amigos. La proyección del filme le dejó aturdido y tardó mucho en recuperarse; tal era el impacto de lo que estaba rememorando.

Aparece como invitado especial en la cadena estadounidense MTV (Music televisión), una popular emisora de televisión por cable. Se publican *It, eso y Misery*, y comienza y acaba *Los Tommyknockers,* aunque parece ser que en esa época debía ponerse algodones en los oídos para controlar la hemorragia causada por el consumo de cocaína. Su esposa le ayudó a salir de esta situación y después de un tratamiento de rehabilitación pudo continuar escribiendo, liberado ya de sus problemas de adicción.

"Si quieres ser escritor, lo primero es hacer dos cosas: leer mucho y escribir mucho".

1987

Con *The Tommyknockers,* Stephen hizo su debut como director y guionista simultáneamente con el filme *Maximum Overdrive* (La rebelión de las máquinas), adaptación cinematográfica de su obra *Trucks* de 1985. Esta película tenía como protagonista a Emilio Estévez, pero cosechó un merecido fracaso comercial.

Ese año sale la adaptación para televisión de *Gramma,* un episodio perteneciente a *La zona muerta.* Tabitha publica *Road Hill.*

El punto de ruptura de King con las drogas llegó precisamente ese año, cuando Tabitha juntó todos los envases vacíos y frascos de pasillas de los psicofármacos y los tiró en el living, frente a su esposo. ¿Fue con eso suficiente?

"No, en realidad –comenta King-. En ese momento era un escritor de éxito, y eso me llevaba a pensar que era el rey del jodido universo. Pero hubo un momento en que mis poderes de escritor parecieron desaparecer, durante casi un año. En definitiva, salvé la vida gracias a mi imaginación. Todavía tenía a mis hijos. Mi esposa me amaba y yo también la amaba a ella. Y eventualmente el poder de escribir volvió y descubrí que con eso era más que suficiente. Lo más gracioso es que siempre lo fue..."

1988

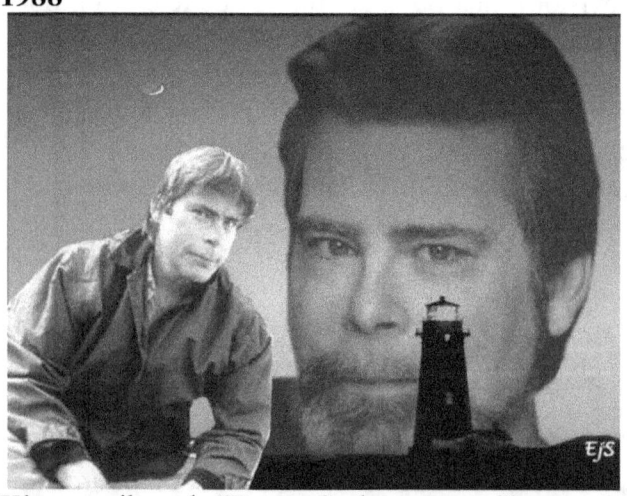

King recibe el "Bram Stoker Award" por *Misery,* con las tribulaciones de un escritor decidido a retirarse para acabar más tranquilamente su novela. El problema es que una de sus mejores fans se convierte también en su carcelera y en su peor pesadilla.

Se estrena el filme *The Running Man* (Perseguido*)*, con un Arnold Schwarzenegger pletórico de fuerza, encarnando a un concursante involuntario en un torneo mortal.

Se edita *Nightmares in the Sky*, un libro fotográfico con textos de King.

A finales de esa década, había vendido ya más de 100 millones de libros y era ya el escritor con más poder en las editoriales y en el cine, algo muy alejado de ese paleto de Maine, desgarbado y miope. Esa historia de un pobretón que sueña con triunfar, había calado hondo en el pueblo, defensor del sueño americano.

"Muchos escritores tienen serias dudas sobre lo que deben escribir cuando tienen ante sí una hoja en blanco o la pantalla de su ordenador. Yo les aconsejo empezar por sobre lo que se conoce; pero, no obstante, aunque es una buena solución para dar el paso inicial, no es aconsejable tomar esta práctica como norma ya que puede funcionar como cerrojo de la imaginación. Es decir: ¿qué pasa si deseo escribir sobre colonias extraterrestres o si en la historia debo incluir un psicópata que cree que Dios le ha ordenado exterminar la humanidad para propulsar el comienzo de una nueva era? Si escribimos solamente para agradar al editor o a los lectores perderemos creatividad"

Con otros 3 libros en la lista de best sellers, y la publicación de la segunda parte de la Torre Oscura, *The Dark Tower 2: The Drawing of the Three*, durante unos años su producción literaria se ve reducida, publicando hasta 1992 sólo 4 libros, entre ellos la tercera parte de la Torre Oscura, *The Dark Tower III: The Waste Lands*.

1989

King es nominado para el "Bram Stoker Award" por *The Night Flier* (El aviador nocturno), perteneciente a *Skeleton Crew,* y por *Dedication* (La dedicatoria). Sobre la primera se hizo un filme estrenado en 1997 que nos cuenta la historia de un avión Cessna de alas negras, que cuando aterriza en pequeños aeropuertos su piloto asesina a varias personas. Richard Dess, un periodista aficionado a los fenómenos paranormales, decide investigar.

Se publica *The Dark Half* (La Mitad Siniestra), en la tirada más grande de la historia para una primera edición y se estrena en el cine *Pet Sematary* (Cementerio de Animales), con un argumento basado en experiencias personales.

Ese año decide agradecer a Maine el buen trato que le dispensaron a él y a su familia, edificando un campo en Bangor para celebrar torneos infantiles de béisbol. Su hijo pequeño era un buen lanzador y Stephen un seguidor de los torneos, por lo que decidió que era el momento de saltar a la acción. Tampoco se olvidó de la biblioteca, organizando una campaña para recaudar fondos para mejorarla. Además, convirtió en realidad otro de sus sueños de convertirse en una estrella del rock al comprar la emisora local WZON de música moderna, para asegurar su supervivencia. Junto a otros escritores, hizo una gira musical para recaudar fondos para luchar contra el analfabetismo con el nombre de Rock Bottom Remainders, un grupo de rock formado por gente de la literatura en el cual participa Stephen King como guitarrista.

"Los argumentos son como fósiles enterrados, y la habilidad del escritor reside en desenterrarlos de la mejor manera posible. Estos fósiles enterrados suelen ser situaciones, y con frecuencia no preveo si hallarán un simple hueso o el esqueleto de un dinosaurio. No parto de una elaborada trama argumental sino de un estado de cosas cuyo devenir voy descubriendo a medida que avanzo en la narración"

1990

Superados ya muchos de los temores que le dominaban, entre ellos tener que luchar para ganarse la vida, ni preocuparse por el fracaso, o ser un buen padre y marido, había logrado ya escribir por el placer de hacerlo y veía cómo sus obras ganaban más adeptos cada año. La película *Misery*, basada en una de sus obras, logró ser candidata a cuatro Oscars de la Academia. El protagonista, un escritor que se debe alejar de los fans para escribir su nueva novela, termina siendo secuestrado por quien se denomina su admiradora número uno.

King publica la edición completa de *The Stand* (Apocalipsis), y *Four Past Midnight* (Cuatro Después de la Medianoche*)*, antología que también fue publicada en dos volúmenes, titulados "Dos Después de Medianoche" (que contiene los dos primeros relatos) y "Cuatro Después de Medianoche" (que contiene los dos últimos relatos). Se estrenan *It, Graveyard Shift* (Las Tumbas Malditas) y *Tales from the Dark side: The Movie*, realmente tres cortos unidos en un filme. El primero sobre una momia animada que se acerca sigilosamente a las víctimas seleccionadas; el segundo cuenta la historia de un "gato del infierno" que no puede ser matado pero es capaz de dejar un sendero de víctimas detrás de él; la tercera historia sobre un hombre que no quiere hablar sobre una rara matanza. Hay también una historia intermedia sobre una mujer que prepara cocinar al repartidor de periódicos para la cena.

"Nunca preparo una sipnosis previa, y prefiero que la narrativa se haga sola a partir de una situación. La tarea del escritor es proporcionar una tierra de cultivo".

1991
Una noche de abril y a pesar de las medidas de seguridad implantadas, alguien entró en su casa mientras estaba fuera y Tabitha se encontraba sola.

"Entró por la ventana y dijo que tenía una bomba, que me iba a matar —contó su mujer-. Di un grito y salí por la puerta más cercana vistiendo solamente un pijama".

Pero si este tipo de acoso era un inconveniente para él, al menos ha conseguido llevarlo mejor que otros escritores y no parece cansarse de escribir historias.

Estrena su primera serie de TV *Golden Years* (Los Años Dorados), logrando buenos índices de audiencia con su historia de una explosión en un laboratorio secreto de EE.UU. Desde ese momento, uno de los empleados, Harlan Williams, cambia su aspecto volviéndose cada vez más joven, siendo perseguido por agentes del gobierno.

Se editan *Needful Things (*La Tienda), en donde un extraño personaje abre un comercio en Castle Rock, y *The Dark Tower III: The Waste Lands (La Torre Oscura III: Las Tierras Baldías)*. Se estrena también *Sometimes They Come Back*, en televisión.

"Empezar por las cuestiones e inquietudes temáticas es una de las recetas de la mala narrativa; la buena siempre empieza por la historia (el argumento)".

1992

En 1992 gana un pleito para retirar su nombre de los créditos de la película *The Lawnmover Man* ("El Cortador de Césped"). La obra cinematográfica desvirtuó tanto la esencia de la novela original, que su visión no contribuyó al prestigio del autor. Sin embargo, como película tuvo cierto éxito en taquilla, hasta tal punto que hicieron un secuela olvidable, esta vez sin tener en cuenta el texto de King. Quizá fue una represalia.

"No puedo saber en qué momento dejaré de escribir, porque realmente disfruto de lo que estoy haciendo. En una entrevista para The L. A. Times, la periodista me preguntó qué iba a hacer en el futuro y le dije: Ahora estoy terminando 'Dark Tower', y estoy trabajando para escribir 13 episodios de una serie de televisión titulada 'Kingdom Hospital'. Una vez que haya terminado esas cosas no sé lo que haré. Bueno, esa señora publicó rápidamente que yo me iba a retirar y la gente le creyó,

pero no es cierto. No me puedo retirar porque escribir me resulta más entretenido que lo que sienten los lectores con mis obras".

1993

La buena adaptación de *The Tommyknockers* se convierte en la segunda adaptación televisiva de un libro de King (después de *It*), por lo que otras series y miniseries siguieron a esta. Se publican *Dolores Claiborne*, y *Pesadillas y Alucinaciones*. La primera de ellas la conocemos como *Eclipse total* en su versión cinematográfica interpretada por Khaty Bates en el papel de Dolores, acusada de asesinar a su jefe. La segunda es una historia de fantasmas, vampiros y posesiones demoníacas, escrita con la pretensión de que el lector recuerde los monstruos que albergaron sus sueños en la niñez. Hubo otra recopilación de relatos años después.

"Cuando me preguntan por qué decidí escribir lo que escribo, siempre pienso que es una pregunta más reveladora que cualquier respuesta que pueda dar. Es como esas barritas de chocolate con caramelo dentro: encubre la suposición de que es el escritor quien controla sus materiales, no al revés."

1994

Sus siguientes años son bastante tranquilos, en ellos incluso hace una gira con el grupo Rock Bottom Remainders por la costa este. Sus compañeros y el propio King, nunca han pretendido otra cosa que divertirse tocando.

"Para mí –explica- es una necesidad imperiosa estar con mi grupo, pues después de tener delante un procesador de textos durante 10 horas al día, es como salir de la cárcel".

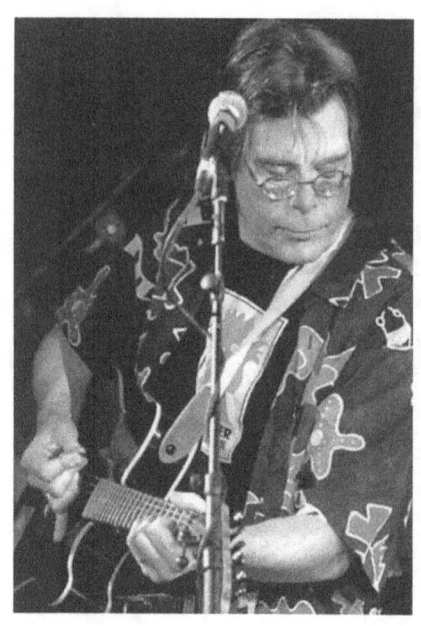

El grupo se reunió en septiembre de 1992 para celebrar el lanzamiento de un vídeo, y en 1993 durante una convención de ABBA en Miami, aunque siempre pensó que no debía limitarse a unos pocos conciertos, como efectivamente hizo. En la gira, el grupo actuó en Providence, Northampton, Cambridge, Washington, Filadelfia, Atlanta, Nashville, y Miami.

Hay quien asegura que se descubrió un poema inédito de Stephen King, titulado *Dino,* que fue publicado en el primer número de "Salt Hill Journal", una revista literaria realizada durante 1994 por el Programa de Escritura Creativa de los Graduados de la Universidad de Siracusa, de Estados Unidos.

"Una vez una mujer se acercó a mí en un supermercado de Sarasota y me dijo: -Sé que usted es Stephen King y es maravilloso –blah, blah, blah-; que es un escritor y que estoy ahora hablando en el supermercado con usted... pero debo confesarle que no he leído ninguno de sus libros y tampoco veo ninguna de sus películas porque no me gusta el terror-. Yo la pregunté: Y bien, ¿qué le gusta? Y ella dijo: -Me gusta la

película Shawshank Redemtion (Cadena perpetua)-. Entonces le dije que yo había escrito la historia y ella no me creyó".

1995

Gana el "Bram Stoker Award" como mejor relato corto, por *Lunch at the Gotham Café* (Almuerzo en el Café Gotham), publicado en *El Retrato de Rose Madder*. El argumento parte de una situación sencilla, con Steve Davis teniendo la última reunión con su esposa Diana y su terapeuta en Café Gotham. Lo que él no sabe es, que el maître del Café les complicará la vida.

La obra fue reformada ligeramente para ser reproducida en audio, cambiando al terapeuta por William Humboldt, su abogado.

"Desde que comencé a escribir de un modo profesional hasta ahora, he tenido un proyecto de cómo quería que mi vida profesional como escritor transcurriera, pero esto es como disparar un misil para que impacte a una distancia de 5.000 kilómetros y pedirle que no falle ni un metro.

Estoy contento y es muchísimo más de lo que esperaba hace años, así que me conformo con seguir así. Una vez que conseguí publicar sin grandes esfuerzos, solamente me preocupaba mantenerme. No soy muy minucioso, pero creo que si hiciera mi trabajo correctamente, los aficionados se sentirían defraudados".

1996

Es en 1996 cuando Stephen King logra su apogeo como autor, publicando 3 libros en 6 meses, todos best sellers, *The Green Mile, Desesperation y The Regulators*, estando *La Milla Verde* entre los 10 libros más vendidos. Esta novela constaba de seis capítulos que aparecieron simultáneamente en los primeros puestos de la lista de libros más vendidos. La historia transcurre en una prisión del sur de los Estados Unidos, en plena depresión. "La milla verde" es el nombre que recibe el pasillo de este color que separan las celdas de los reclusos condenados a muerte. Y es en este pasillo donde transcurre la mayor parte de la historia, con los presos esperando el día de su ejecución en la silla eléctrica. Todo cambia cuando llega hasta la prisión un nuevo recluso, un gigantesco negro llamado John Coffey, condenado a muerte por asesinar a dos niñas.

"Suelo utilizar personajes similares en mis obras, aunque más bien es que tengo algunos que son una referencia que consigo encajarlos en historias diferentes. Por ejemplo, hay conexiones entre la serie 'Dark Tower' con 'Black House' que se comercializó como una continuación de 'The Talismán'".

1997
Ese año King cambia de editor, marchándose de Viking Penguin y firmando con Simon & Schuster, un nuevo acuerdo que le permite quedarse con un 25-50% de los ingresos de las siguientes obras (los autores apenas consiguen un 10%), además de un adelanto de 2 millones de dólares. Este año publica la 4ª parte de la *Torre Oscura* y comienza a escribir *On Writing* (Mientras Escribo).

"Hay una fuerte identificación de mí como un escritor de terror, incluso cuando me hablan de 'La zona muerta'. Sin embargo, para mí esta es una historia de amor, lo mismo que 'Wizard and Glass' (La bola de cristal). También he escrito algunas cosas que no tienen ningún elemento sobrenatural.
Si pudiera clasificar las historias de 'Dark Tower' como algo, las clasificaría como novelas imaginarias. Pero no son de fantasía en el sentido que no tratan de duendes y magos y esa clase de cosas, aunque hay una bruja. Hay cosas muy horribles, pero hay también mucho drama y una historia de amor con Susan y Roland. Hay muchas cosas diferentes. Y realmente eso es lo que yo pienso que la ficción debe ser. No me gusta clasificar las cosas. Las personas que leen habitualmente mis

novelas entienden bastante de ellas, afortunadamente, para que no tenga que explicarme muy a menudo".

1998

Su nuevo éxito *Bag of Bones* es publicado como primer libro con su nueva editorial y automáticamente se convierte en un best seller. La novela está inspirada en parte en el clásico "Rebecca" de Daphne du Maurier, aunque ahora hay más interés en el terror que en el romance. Hay muchos fantasmas ensangrentados, y hombres, mujeres y niños gimiendo. El héroe, un guionista de películas de terror, investiga la muerte de su esposa, y esto le lleva a un secreto oscuro de ella que se centra en el Dark Score Lake.

"Hay quien relaciona la obra de Tolkien 'El Señor de los anillos' con 'The Dark Tower' y posiblemente sea así, pues en los años 70 tenía una gran influencia en los escritores jóvenes. Yo era uno de esos escritores que leyeron aquellos libros y simplemente me llenaron de magia la mente, pero como todo escritor sabía que debía tener mucho cuidado con su influencia. Yo quería escribir cosas así de bellas, pero hay que ser muy cuidadoso para que nadie nos acuse de estar reproduciendo lo que Tolkien hizo. Además, las historias las quería contar ligadas a nuestro mundo y época, no a los escenarios fantásticos de Tolkien. Nunca he querido partir de un mundo totalmente imaginario, y prefiero tener una conexión con nuestro propio mundo".

1999

Stephen parecía destinado a vivir una existencia feliz, pues más de 300 millones de copias de sus libros estaban ya en circulación por todo el mundo. Tenía dinero, fama y su reputación iba en aumento. Sus hijos eran ya mayores y vivían independientes, y él y su esposa afrontaban una nueva forma de existencia. Pensaron en comprar una casa en Florida, lejos de los duros inviernos de Maine, con el fin de retirarse a descansar. Pero un día de 1999 le sucede un desagradable accidente. El 19 de julio Bryan Smith, conduciendo su camioneta Dodge azul claro y acompañado de su perro Bullet, atropellan a Stephen King. Las consecuencias del accidente fueron muchas y muy graves, una pierna casi destrozada, un pulmón perforado, algunas costillas fracturadas y la cadera rota. Los médicos creían que moriría, pero después de varias semanas de hospitalización, varias operaciones y perder 50 kilos de peso, más una larga y penosa rehabilitación de unos 10 meses, pudo asistir a finales de año al estreno de la película *La milla verde*, basada en una de sus obras.

Su mayor preocupación en el hospital era no poder volver a escribir, algo aterrador para un hombre que había dedicado toda su vida a ello. Pero esa navidad estaba ya sentado en su escritorio, sacando más historias, ahora un nuevo capítulo de *Una vida sorprendente*.

Él relató el accidente de este modo:

"Smith ve que estoy despierto y me dice que ha pedido ayuda. Se expresa con calma y hasta con jovialidad. Sentado en la piedra y con el bastón en las rodillas, pone una cara entre resignada y compungida, como diciendo: '¡Pero qué mala pata hemos tenido!' Su partida con Bullet (el perro de Smith) del camping donde estaba instalado se debía al impulso de comprar 'unas cuantas barras de chocolate'. Me entero del detalle después de unas semanas, y pienso que ha estado a punto de matarme un personaje de novela mía. Casi tiene gracia."

Stephen King salió del hospital de Maine el 17 de diciembre, después de permanecer 25 días internado, y donde fue sometido a una operación para eliminar los líquidos acumulados en uno de sus pulmones. Todo salió muy bien, y fue mejorando lentamente, pero debido al accidente que sufrió, sus pulmones no quedaron en condiciones óptimas, tal como informó su abogado, Warren Silver. Por otro lado, los médicos dedicaron parte del tiempo a intentar resolver el problema de los constantes dolores que King sufría en su pierna, secuelas también del accidente. Si bien su salud se recuperó a buen ritmo, no volvió a su oficina de trabajo en varias semanas y necesitó regresar al hospital para realizar algunos controles.

Mientras convalecía del accidente, King recomendó a los escritores que escribieran sobre lo que les gusta, que sean ambiciosos, que mezclen el relato con retazos de su propia vida, especialmente con la amistad, las relaciones sociales, el sexo y el trabajo. Sobre todo el trabajo. *"Las personas aman leer sobre el trabajo cotidiano* –dijo-. *Dios sabe por qué, pero a todos les gusta."*

2000

En el año 2000 Stephen King decide entrar en un nuevo mundo comercial, prácticamente inexplorado, la venta de libros por Internet. *Riding the Bullet* (curiosamente, el nombre del perro de Bryan Smith, la persona que le atropelló) es comprado por Internet (única vía de venta) por cerca de 500.000 personas en apenas 6 días, aunque pronto la piratería haría decrecer el ritmo. Además, el e-book no podía ser impreso y eso no gustaba al lector. Según la publicidad, "Durante un solo día, el 14 de marzo, Barnes and Noble.com ofrece su descarga gratuita. Después estará disponible por un precio de ganga: 2,50$". Y el elemento detonante: la obra no se editaría en papel... Quien quisiera leerla, tendría que pasar por el canal electrónico. Poco después empezó la publicación, mediante su página Web, de *The Plant*, un relato dividido en capítulos que se dedicó a vender por Internet con un curioso sistema de compra, pues se pagaba después de bajarlo y no era obligatorio para conseguirlo, aunque había una promesa: seguiría publicándolo mientras por lo menos el 75% de los usuarios que se lo bajasen pagase. El último capítulo publicado fue el 6º. Toda una decepción.

2001

En marzo King publica *Dreamcatcher,* la primera novela larga desde *Corazones en Atlántida*, y sale a la venta *Black House* (La casa negra), el segundo libro en colaboración con Peter Straub, en donde aparece de nuevo el detective Jack Sawyer. *On Writing* (Mientras escribo) obtiene elogios de todo el mundo. Realmente se trata de dos libros: una autobiografía tiernamente sarcástica y una lección de amor conflictivo para los novelistas ambiciosos. La memoria es el material terrorífico, una descripción de cómo un escritor creció portándose mal.

"Yo adoraba a los monstruos que se comían las ciudades enteras –comentó con sarcasmo-, *a los cadáveres radiactivos que salían del océano y devoraban a los presumidos surfistas, y a las muchachas que mostraban sus sujetadores negros para atraer a los chicos; a todos menos a mí, claro. Yo consideraba a estas personas al mismo nivel que la basura de mi remolque".*

La historia habla de la vida de una familia en su remolque, con un conserje que limpia el vestuario de las muchachas de secundaria. Inicialmente la novela no le gustó y la tiró a la basura, siendo recuperada por su esposa, quien le aconsejó ciertas modificaciones para mejorarla. De cualquier modo, la obra nos proporciona muchas revelaciones sobre su vida y trabajo.
En el mes de mayo gana con ese libro el "Bram Stoker Award" en la categoría de mejor libro de no ficción. En junio, su mujer es ingresada en el hospital aquejada de dolores en el pecho y falta de respiración, pero en breves días sale del hospital.

2002
En febrero de 2002 King reveló a "Los Angeles Times" que había decidido detener nuevas publicaciones a finales de año después de terminar las últimas tres novelas de *Dark Tower* (para acabar la saga), y algunos otros trabajos. Esto crea una alarma entre sus seguidores y un sinfín de noticias sensacionalistas en los periódicos, hablando de su retiro definitivo, posiblemente para seguir las doctrinas budistas. Afortunadamente nada de esto era cierto.

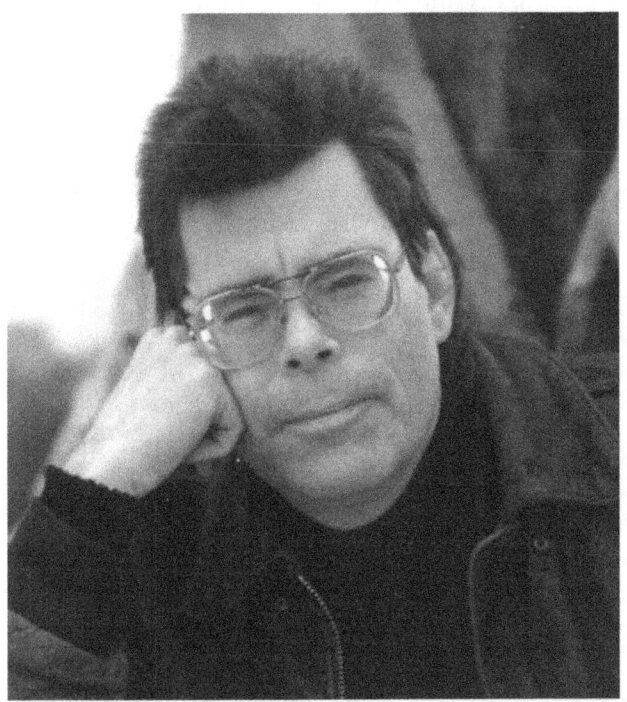

La miniserie *Rose Red* consigue un éxito sin precedentes en la cadena ABC. Inspirada en los hechos reales acontecidos a Sarah Winchester, inicialmente iba a ser dirigida por Steven Spielberg para un filme, aunque finalmente se construyó una miniserie que en su emisión por la ABC duraba casi seis horas. Los aficionados que la busquen deben saber que en su versión en DVD solamente encontrarán apenas cuatro, lo que no es poco. La serie, que constaba de tres partes, fue emitida en Estados Unidos el 27, 28 y 29 de enero, y tres meses más tarde aparecía publicado el auténtico Diario de Ellen Rimbauer.

Publica *Everthing's Eventual, 14 dark tales* (Todo es eventual), y ahora sabemos que la división Scribner de Simon & Schuster se asoció con Viacom Outdoor y una compañía llamada Streetbeam, para una campaña de promoción centrada en ofrecer fragmentos del libro a los usuarios de palmtops. En total, se pudieron descargar gratis 500 palabras, ofreciendo la versión electrónica completa por 28 dólares, el mismo precio de la versión impresa. Es importante significar que algunas de las historias ya habían sido publicadas.

En el estreno el 16 de junio de la miniserie *The Dead Zone* (La zona muerta), se bate el record de audiencia en su franja horaria.

2003

El 20 de noviembre, King recibió la medalla de honor del "National Book Awards" en la 54 edición de la ceremonia de entrega de estos reconocidos premios literarios, por su contribución a la difusión de la literatura americana. El autor fue homenajeado con este premio por su trayectoria profesional y su larga historia de ayuda a sus colegas escritores. Los ganadores anteriores incluyen John Updike, Arthur Miller, Philip Roth y Toni Morrison.

2004

La editorial Little Simon editó en el otoño la versión juvenil de *The Girl Who Loved Tom Gordon*, recortando el texto y adecuándolo a la edad de sus lectores, además de incluir ilustraciones. Por supuesto, en esta adaptación colaboró el propio King.

En marzo la miniserie *Kingdom Hospital*, salió en antena. Dirigida por Craig R. Baxley, y protagonizada por Andrew McCarthy y Diane Ladd, nos cuenta una aterradora historia desarrollada en un hospital edificado encima de un antiguo cementerio. Aunque los acontecimientos tenebrosos ocurren con frecuencia, los doctores no creen en nada que no sea la ciencia, hasta que el mal llega hasta ellos. Fue nominada a 2 premios Emmy.

El quinto libro de la serie, *The Wolves of the Calla (The Dark Tower, Book V)*, salió ese mismo año contándonos cómo tres neoyorquinos del siglo XX encuentran un pueblo pacífico, Cala Bryn Sturgis, que ha sufrido el ataque de unos extraños lobos.

Los restantes salieron casi inmediatamente al mercado, primero *Song of Susana (The Dark Tower, Book VI)*, en el verano, y el final, *The Dark Tower Book VII*, en noviembre del mismo año, con el antiguo sacerdote católico Don Callahan del pueblo de Salem Lot, un lugar que ya no existe en ningún mapa. Ahora posee un objeto en su mano, una tortuga de marfil, con el pico mellado y un arañazo en forma de signo de interrogación en su parte de atrás.

"Los aficionados piensan que cuando publico varias obras seguidas se pierde la esencia de mi estilo, pero no es así. Se trata de la misma mente, la misma inteligencia, el mismo estilo, la misma persona que ha escrito todo. Pero hay otra cosa, y es que suelo empezar novelas sin haber terminado las anteriores. De este modo, hay épocas en las cuales finalizo varias casi al mismo tiempo y creo que no debo hacer esperar por ellas a los lectores. Además, hay obras como 'Wolves of the Calla' y 'Song of Susannah' que no tienen final y los lectores quieren saber cuanto antes el desenlace. Afortunadamente, la mayoría de los lectores saben cómo pienso y no tengo que explicarles nada".

2005

Stephen y Marvel decidieron retrasar el lanzamiento de los comic books de *La Torre Oscura* hasta 2007.

"Dado lo amplio del proyecto y todos los profesionales creativos involucrados, le quiero dedicar a esta serie de Marvel todo el lugar que necesita y se merece -dijo Stephen-. *Tengo mucho que trabajar durante 2006 -dos novelas que se editan, 'Cell' y 'Lisey's Story', y el trabajo con John Mellencamp en 'Ghost Brothers of Darkland County'-. La serie de Marvel será un suceso, y quiero tener tiempo para poder disfrutarla".*
La serie se remonta a la época en que Roland, Alain y Cutherbert son niños, durante sus aventuras en Hambry. Es la época en la que se gana sus pistolas, en la que se convierte en un hombre, revelándose los conflictos que debe asumir como hombre, el último Gunslinger (Pistolero) de un mundo extraño.

Las historietas complementan las novelas y definen la mitología de la saga.
La serie está ilustrada por el premiado Jae Lee.

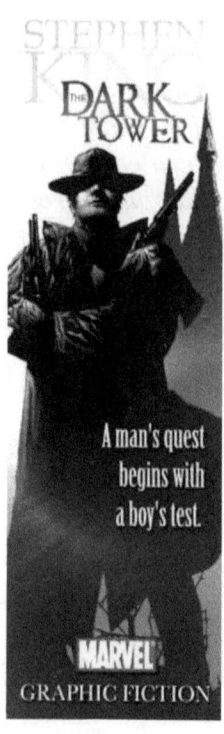

"Me entusiasma el trabajo de Jae Lee, y pienso que esto va a ser una sociedad muy importante".

Nuevamente, y tal como antes le ocurrió, Stephen manifiesta su miedo a perder su inspiración, que un día se acaben las historias. Periódicamente suele hablar de eso, sugiriendo ocasionalmente que su retiro puede estar cerca.

"Sólo espero no ser repetitivo. Después de la serie The Dark Tower (La Torre Oscura), *sigue habiendo cosas que me interesan"*.

2006

La nueva novela de Stephen King, *Cell*, posee una fuerte carga de violencia y terror. En la tradición de *Carrie, Salem's Lot* y *The Shining*, *Cell* pregunta qué es lo que pasa cuando los teléfonos móviles se convierten en transmisores de una señal que vuelve inmediatamente loca y violenta a la gente. La trama de King se desarrolla cuando unos pocos héroes sin teléfono tratan de escapar de esta locura y salvar al mundo. Los supervivientes encuentran unas señales que dicen KASHWAK=NO-FO. Una promesa, quizá. O una amenaza...

La novela *The Colorado Kid*, publicada por Hard Case Crime, se aproxima al género negro de mediados de siglo, con crímenes incluidos. La negativa de King para respetar las venerables reglas del género exasperó a los críticos, quienes le hubieran perdonado que siguiera con el terror. Le han acusado de exagerar a los personajes y de incluir pocos diálogos. Incluso los críticos más generosos se vieron obligados a reconocer en el libro muchos fallos.

2013

36 años después publica la segunda parte de su novela *"El resplandor"*, titulada *"Doctor sueño"*. Señala que una de las claves para que funcione una novela de terror es que el espectador se meta en la piel del protagonista, que tenga empatía hacia él. Reconoció en esa momento que lo que le produce más miedo es llegar a padecer la enfermedad de Alzheimer, la pérdida de su capacidad intelectual.

CAPÍTULO DOS

PELÍCULAS BASADAS EN SUS NOVELAS Y RELATOS

CARRIE
Carrie 1976
97 minutos

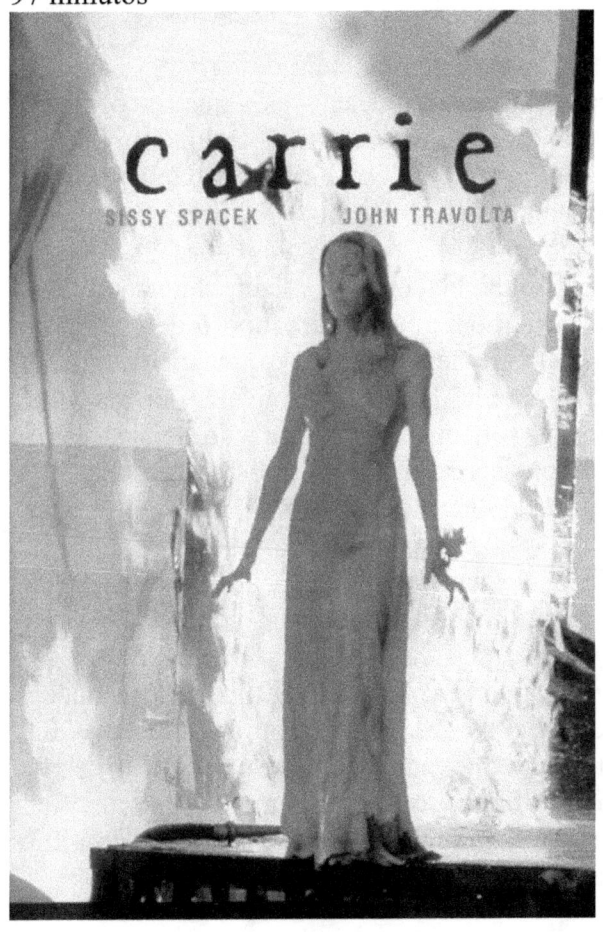

Director: Brian De Palma
Guión: Larry Cohen
Música: Pino Donaggio
Efectos especiales: Greg Auer y Ken Pepiot

Intérpretes:
SISSY SPACEK: Carrie White
PIPER LAURIE: Margaret White
WILLIAM KATT: Tommy Ross
JOHN TRAVOLTA: Billy Nolan
NANCY ALLEN: Chris Hargenson

Carrie de Brian de Palma, es una película de terror fascinante, con un final que provocó no pocos desmayos y que fue copiado hasta la saciedad por otros directores. Una escena similar la podemos ver cuando el gigantesco escualo de "Tiburón" brincó hacia uno de los protagonistas y nos hizo levantar a todos de nuestras butacas. También es (y esto es lo que la hace mejor) un retrato muy acertado sobre el comportamiento humano. Esta muchacha llamada Carrie no es otro estereotipo producto de la línea de producción del cine de terror; ella es una estudiante de la escuela secundaria, tímida, bonita, que vive la misma vida complicada que nosotros hemos vivido cuando teníamos su edad. La diferencia con la realidad, sin embargo, es que ella posee telequinesia, la habilidad para manipular las cosas sin acercarse a ellas. Es un poder que descubrió gradualmente, y lo liberó en contestación al fanatismo religioso e histérico de su madre. Se manifiesta de maneras pequeñas, como cuando se mira en un espejo y se rompe. Entonces piensa que debe corregir esa tendencia, pero cuando su madre intenta pegarla la lanza atrás contra una cama. Pero esa noche, durante el baile de graduación... Bueno, lo que sucede en los últimos veinte minutos de la película afianza todo el argumento anterior y la tensión crece implacable, tan inevitablemente que la palabra fin aparece casi sin darnos cuenta.

Ésta no es una película de terror tradicional, puesto que nos muestra una crisis familiar y social muy habitual, con situaciones que hemos vivido varias veces en nuestras vidas. Por ello, cuando Carrie usa totalmente su extraño poder, nosotros sabemos porqué y la justificamos. Suponiendo que usted no haya visto la película, evitaré contarle cómo se desarrolla el clímax para que pueda disfrutar con los acontecimientos.

Sissy Spacek fue nominada al oscar como mejor actriz por el papel de Carrie, mientras que Piper Laurie fue nominada al oscar como mejor actriz secundaria por el papel de madre de Carrie.

La película obtuvo el primer premio del Festival de Cine Fantástico de Avoriaz (1977) y como dato curioso hay que señalar que Nancy Allen, una de las protagonistas, acabó casándose con Brian De Palma, el director del filme.

Hubo una secuela, "Carrie 2", en 1999. Además de esta película, en 1988 se hizo una obra de teatro que fue un verdadero desastre económico (perdieron más de 8 millones de dólares) y sólo duró 5 actuaciones en Broadway.

EL MISTERIO DE SALEM LOT
Salem's Lot 1979
112 minutos

Director: Tobe Hooper
Guión: Paul Monash
Basada en la novela *Salem's Lot*

Intérpretes:
DAVID SOUL: Ben Meras
JAMES MASON: Richard K. Straker
LANCE KERVIN: Mark Petrie

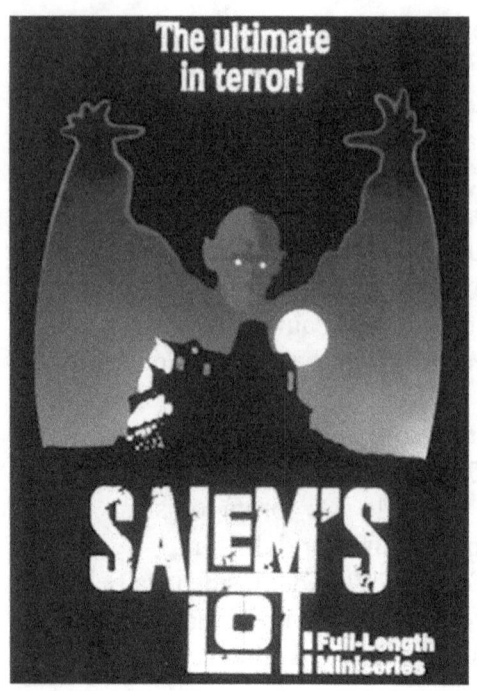

Escrito el guión para la televisión por Paul Monash, quien también adaptó la serie "V", y dirigido por uno de los maestros del terror, Tobe Hooper, esta película (en la versión extendida) sigue estrechamente el trabajo literario original de Stephen King mucho mejor de lo esperado. Incluso en los momentos menos terroríficos hay secuencias de tensión, y otros donde debemos sostener la respiración.

Aunque no es una historia enteramente original, consigue mantener la atención del espectador durante las tres horas que dura. La trama es básicamente una antigua norma: un vampiro se ha establecido en Salem y ha infectando el pueblo entero rápidamente. Afortunadamente tenemos pronto a un cazavampiros muy eficaz, quien también utiliza el viejo sistema de la estaca clavada en el pecho cuando la luz del sol está menguando. Podrían hacerlo a plena luz del día, pero así no tendría tanta intriga.

El maquillaje del vampiro está bastante bien conseguido y James Mason merece una mención especial por su actuación increíblemente mala como Straker.

Inicialmente fue mostrada en una versión resumida, que se completó en su venta en DVD.

EL RESPLANDOR
The shinning 1980
146 minutos

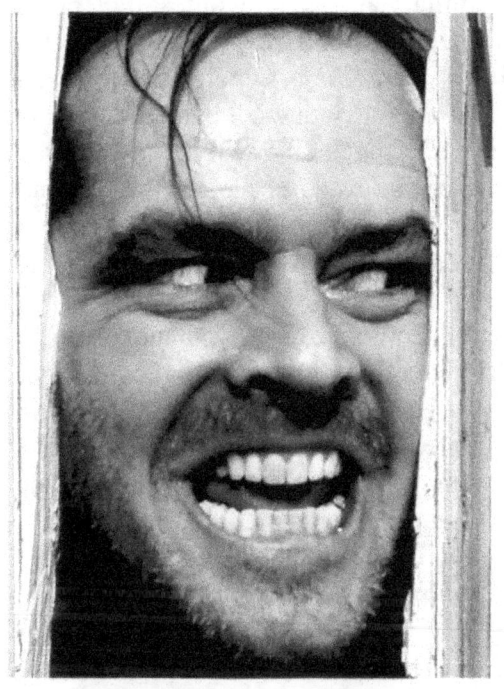

Argumento: Stephen King
Guión: Stanley Kubrick
Director: Stanley Kubrick

Intérpretes:
JACK NICHOLSON: Jack Torrance
SHELLEY DUVALL: Wendy Torrance
DANNY LLOYD: Danny Torrance

Un antiguo maestro, totalmente alcoholizado, consigue por fin un trabajo como vigilante en un hotel que permanece cerrado durante esa temporada invernal. Dicho hotel ejerce una especie de maleficio sobre nuestro protagonista, el cual se vuelve loco y deseoso de matar a su familia, tal y como antes hiciera su antiguo cuidador. Pronto, el apacible padre y esposo saca los dientes, muestra una mirada aterradora, y persigue con una cortante hacha a su esposa, mientras que el pequeño intenta ponerse a salvo. Toda resistencia parece imposible en este gran hotel, y en el exterior una intensa nevada corta toda posibilidad de escapatoria. Solamente una antigua radio consigue enviar un mensaje al exterior, pero quienes les ayudan acaban igualmente asesinados por Jack.

Estrenada con una gran polémica, y menospreciada frecuentemente por los críticos, con los años ha ganado prestigio y hoy en día nadie duda ya de lo acertado de este binomio Kubrick-King. Al contrario que en otros filmes, Kubrick mueve con mayor dinamismo su cámara, y la acción es intensa desde los primeros momentos, aunque nosotros hubiéramos deseado encontrar a un Nicholson menos gesticulante. Unas posteriores declaraciones de King nos informaron que realmente la historia original quedó seriamente desvirtuada en el guión, y el escritor parece ser que rompió todo tipo de relación amistosa entre ambos. Aun así, la película sigue siendo la más taquillera de toda esta filmografía, y en los primeros 4 años recaudó más de 100 millones de dólares.

CHRISTINE
1983
110 minutos

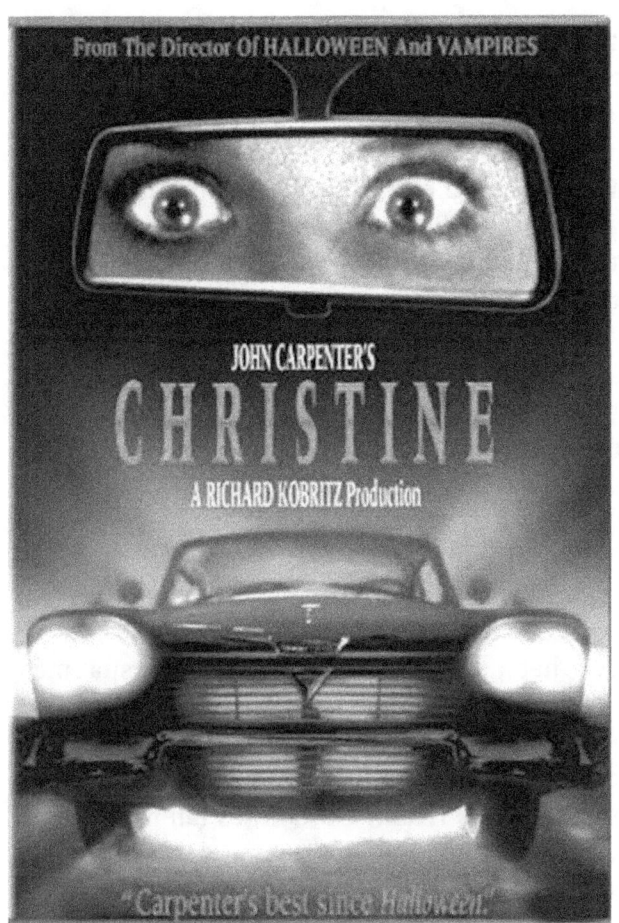

Director: John Carpenter
Basada en la novela *Christine*
Guión: Bill Phillips
Música: John Carpenter
Efectos especiales: Ted Allen

Intérpretes:
KEITH GORDON: Arnie
JOHN STOCKWELL: Dennis
ALEXANDRA PAUL: Leigh

El automóvil se llama Christine y se trata de un Plymouth Fury del 58, rojo intenso, uno de esos automóviles que llaman la atención por sus aletas de la cola. Ha sido totalmente restaurado por su dueño y quizá por ello le ha dotado de alma, aunque pronto empieza a comportarse extrañamente. Su primera acción es matar a un tipo desagradable, algo que a nadie le importa; luego mutila a otro y cuando el joven Arnie decide controlarle todo se vuelve aun más tenebroso. Arnie es un chico delicado, tímido, acomplejado, que aguanta los chistes de sus compañeros y por ello no tiene éxito con las chicas de su escuela, pues a ellas les gustan los bravucones. Pero desde que ha comprado ese coche algo cambia en su vida y aquel día consigue salir con la chica más guapa y eso pone muy celoso a Christine, su coche rojo. Ahora debe decidir entre hacer el amor a la chica y enviar el coche al desguace, o seguir como estaba: compuesto y sin novia.

La novela de Stephen King es llevada con la maestría y la avaricia económica habitual en Carpenter. No necesita más ingredientes para interesarnos, aunque nadie nos explique porqué ese coche cobra vida; pero esto es un problema del guionista. La crueldad de esa pandilla de chicos que quieren amargar la existencia a Arnie (Keith Gordon) es tan real que ya no nos da terror, pero el Plymouth sí, aunque se recrea en la sangre con demasiada frecuencia y detalle.

LA ZONA MUERTA
The Dead Zone 1983
104 minutos

Director: David Cronenberg
Música: Michael Kamen
Guión: Jeffrey Boam
Basada en la novela *The Dead Zone*

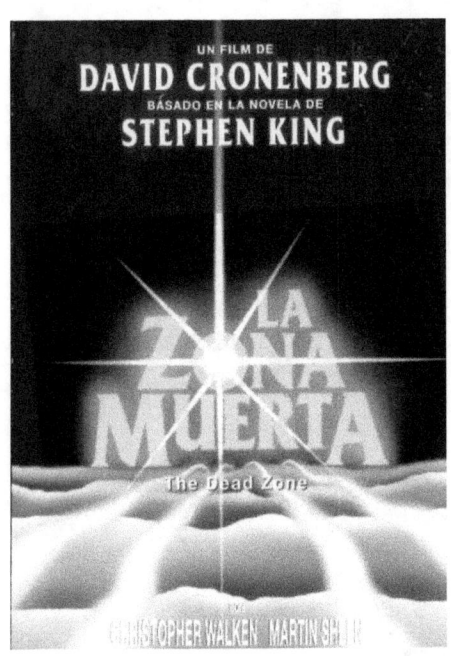

Intérpretes:
CHRISTOPHER WALKEN: Johnny Smith
BROOKE ADAM: Sarah Bracknell
TOM SKERRITT: Sheriff Bannerman
HERBERT LOM: Dr. Sam Weizak
MARTIN SHEEN: Greg Stillson

La Zona Muerta nos describe a un hombre con poderes mentales, quien es capaz de averiguar el oscuro pasado de las personas y en ocasiones el futuro. Esto le debería hacer feliz, pero pronto se da cuenta de que las personas quieren que sus vidas queden bien ocultas, y un aluvión de problemas comienza a atormentarle.
Dirigida por David Cronenberg (Scanner, La Mosca) y producida por Debra Hill (Halloween, La Niebla), además de contar con una estupenda historia de Stephen King, lo lógico es que hubiera resultado un filme redondo, como así ha sido. Es toda una sorpresa que mantiene en vilo al espectador, solidario

desde el primer momento con Johnny, ese buen hombre que solamente recibe ingratitud cuando quiere hacer el bien. La *Zona Muerta* es, en el fondo, un retrato sensible sobre el dilema de Johnny Smith. Christopher Walken quizá no sea en esta ocasión el actor ideal, pero su buen hacer habitual le hace sobresalir del resto de los actores.

La *Zona Muerta* logra realizar con soltura los saltos en el tiempo sin confundir al espectador, a poco que esté pendiente de la historia. Mención especial merece el trabajo de Martin Sheen, un secundario que encaja perfectamente en el papel del frío y ambicioso político.

THE BOOGEYMAN
1982
28 minutos

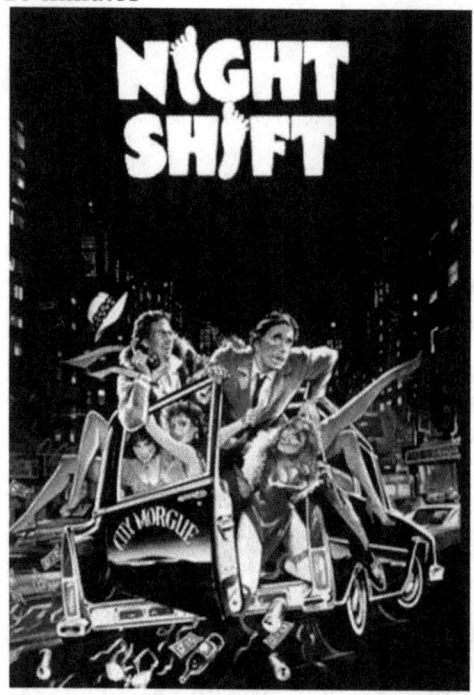

Director: Jeffrey C. Schiro
Basada en *Night Shift* Colección Volumen 2: *The Boogyman*

Intérpretes:
MICHAEL READ: Lester
BERT LINDER: Dr. Harper
TERENCE BRANDY: Sargento Garland

Boogeyman es una adaptación de un relato corto de King que se puede encontrar en *Night Shift* de 1973. Varias de estas historias se adaptaron a la pantalla, todas con un presupuesto económico ciertamente pequeño. En este caso el filme es aburrido y los actores no ponen ningún empeño en mejorar el resultado. La historia versa sobre un hombre desaliñado y desagradable que busca ayuda psiquiátrica, y en la consulta describe las muertes de sus hijos. Se considera totalmente culpable de cómo sus niños murieron y desea volver a vivir para arreglar lo que le atormenta. ¿Quién mató a sus niños? ¿Es este hombre el responsable? Ni siquiera el espectador mantiene cierto interés por aclarar estas dudas.
Hay una película de 2005 con el mismo título que no tiene nada que ver con la historia de Stephen King.

CREEPSHOW
1982
129 minutos

Argumento: Stephen King
Director: George A. Romero

Intérpretes:
HAL HOLBROOK: Henry Northrup
ADRIENNE BARBEAU: Wilma Northrup
LESLIE NIELSEN: Richard Vickers
E.G. MARSHALL: Upson Pratt
VIVECA LINDFORD: Aunt Bedelia
ED HARRIS

Se basa en 5 historias del cómic Creeppy de los años 50: El día del padre, Algo para cubrirte, El baúl, Se arrastran sobre ti, y La solitaria muerte de Jordy Verril. King es el actor protagonista de esta última y Joe King (hijo) es el actor que hace de enlace entre todas las historias.

Romero y King se han acercado a esta película con humor y afecto, así como con una apreciación comedida por lo macabro. Ambos han conseguido colocar ingredientes visuales y mezclarlos con las historietas originales, empezando cada sketch con varios dibujos del cómic, y disolviendo poco a poco los grabados hasta dar paso a una realidad que refleja exactamente el dibujo. Como es habitual en este tipo de películas, cada capítulo goza más que otros del gusto del público y siempre sale uno al final con la sensación de que el conjunto nos ha sabido a poco. Prender el interés del espectador con tan poco espacio de tiempo es tarea difícil, pero siempre existe un truco: al final, la mejor de todas las historias. De este modo retorna uno a casa con un buen sabor de boca. Especialmente interesante es el capítulo del hombre que se convierte poco a poco en vegetal por haber tocado un meteorito, adecuadamente interpretada por el propio Stephen King, en una de las comedidas intervenciones que hizo en la pantalla como protagonista.

THE WOMAN IN THE ROOM
1983
30 minutos

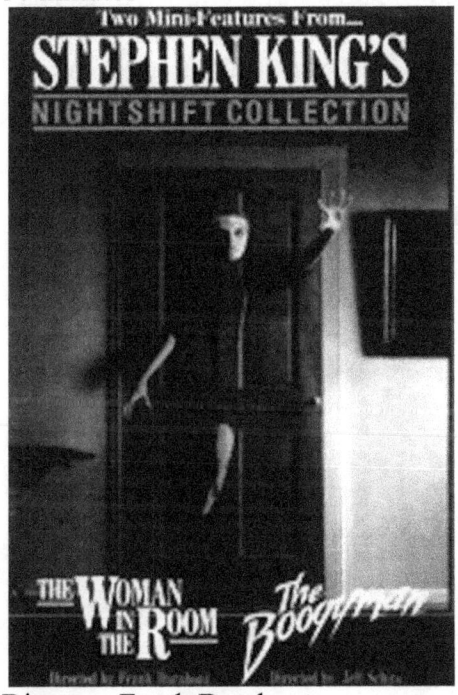

Director: Frank Darabont
Guión: Frank Darabon

Basada en la historia *The Woman in the Room* de la colección *Night Shift*.

Intérpretes:
BOB BRUNSON: Policía
MICHAEL CORNELISON: John
BRIAN LIBBY: Prisionero

La colección *Night Shift* salió en pleno éxito de Stephen King en los años ochenta, adaptándose pronto al vídeo mediante historias cortas. El primer cuento, *La Mujer en el Cuarto*, está marcado por el debut en el género del escritor y director Frank Darabont (La Milla Verde, guión) quien conseguiría pronto ser reconocido como un buen profesional con un Oscar y varias nominaciones al Globo de Oro. Como director realizó otra obra de King, *The Shawshank Redemption*.

En esta ocasión efectúa un estudio del horror al internamiento y el miedo a la mortalidad, al describir el tormento interno de un joven al ver el sufrimiento de su madre enferma. Ella padece un mal incurable, y solamente su hijo, un abogado, podría traer algún alivio. Cuando se decide, comienzan sus pesadillas.

DISCIPLES OF THE CROW
1983
19 minutos

Director: John Woodward
Guión: John Woodward

Intérpretes:
ELEESE LESTER: Vicky
GABRIEL FOLSE: Burt
STEVEN YOUNG: Younger Billy

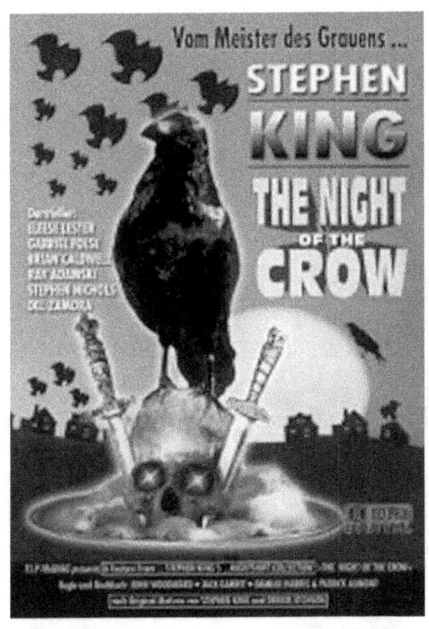

En 1983, el cortometraje *Disciples of the Crow* se basó en el cuento de Stephen King *Children of the Corn* (Los Chicos del Maíz), originalmente publicado en el número de marzo de 1977 de *Penthouse* y reimpreso al año siguiente en *Night Shift*.

Aunque no hayan leído la historia de Stephen King, los personajes le resultarán familiares. Un niño con un lunar en su barbilla tiene una rara urna en un maizal que es observada por unos cuervos. Él y otros amigos realizan algún tipo de ritual, mientras dejan caer cosas en una olla hirviendo.

Cuando el niño está en la iglesia con su madre y su amante, él mira a unas de las ventanas que tiene una vidriera representando a Jesús. Esa noche los niños matan a sus padres con una gran diversidad de instrumentos, aunque esto pasa fuera de la visión del espectador.

En este DVD también se encuentra *The Night Waiter* (1987), todo bajo el nombre de Slightly Astounding Stories. Título tan desafortunado como la película.

CUJO
1983
94 minutos

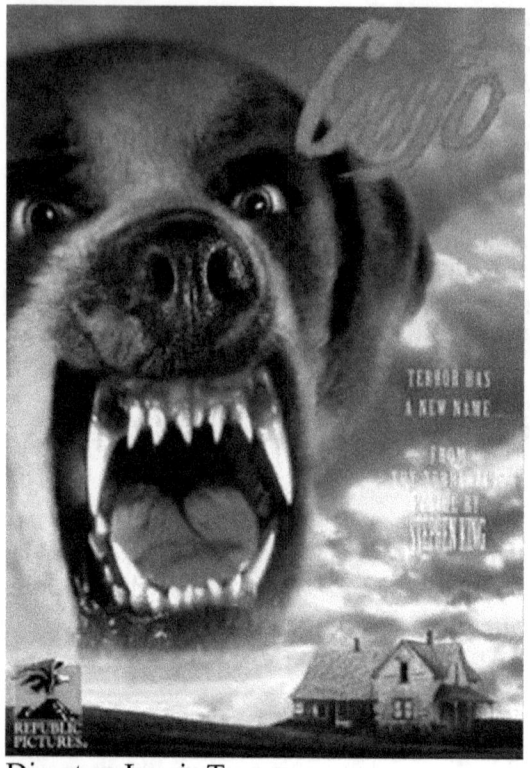

Director: Lewis Teague
Guión: Lauren Currier, Don Carlos Dunaway
Basada en la novela *Cujo*

Intérpretes:
DEE WALLACE STONE: Donna
DANNY PINTAURO: Tad
DANIEL HUGH KELLY: Vic

Tan grande y afectuoso, el gran perro San Bernardo tiene la desgracia de ser mordido por un animal que le contagia la rabia, convirtiéndose en un eficaz asesino, un depredador instintivo que no conoce el miedo. Y es que desde las misteriosas muertes ocasionadas por el perro de Baskerville hemos pasado al ataque de los Doberman, y ahora a este gran coloso de las tierras nevadas; historias todas que nos demuestran que, con frecuencia, el perro no es el mejor amigo del hombre.

El clima de terror está asegurado, aunque sepamos inmediatamente que el destino del perro será la muerte. El filme fue criticado por los admiradores de King, pues le acusaron de cómico, predecible, repugnante y violento, especialmente cuando involucra a los niños en las escenas más dramáticas.

Además, la adaptación de la novela es sumamente defectuosa, y una vez que vemos la primera parte, nos adentramos en un argumento inconsistente, en donde lo único que se pretende es mostrar escenas de sumo desagrado para el espectador. En ese momento nos da igual que se trate de un perro, un tiburón o una rata gigante, pues lo que cuenta nos lo sabemos de memoria.

Afortunadamente los últimos minutos son sorprendentemente asustadizos, y en este aspecto el director Lewis Teague consigue mantener la tensión del espectador al combinar diversas escenas de ataque, con los histerismos de la madre dentro del automóvil. Un consejo: no presten atención a la música de Neil Travis. Su buen gusto se lo agradecerá.

LOS CHICOS DEL MAÍZ
Children of the Coen 1984
93 minutos

Director: Fritz Kiersch
Música: Jonathan Elias
Guión: George Goldsmith
Basada en el cuento *Children of the Corn*, del libro *Night Shift*

Intérpretes:
PETER HORTON: Dr. Burt
LINDA HAMILTON: Vicky
R. G. ARMSTRONG: Diehl
JOHN FRANKLIN: Isaac

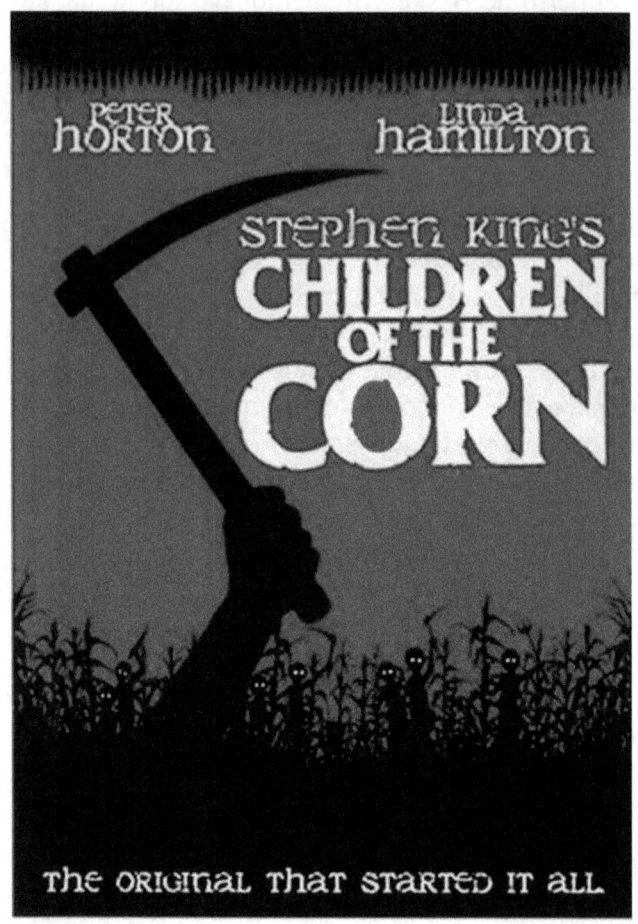

En un pueblo solitario del Medio Oeste americano, una secta integrada por niños comandada por un joven predicador denominado Isaac, establecen la necesidad de matar a todas las personas mayores de 18 años, pues deben regar los campos con su sangre en honor a una entidad que llaman 'El que camina detrás de la hilera'. La llegada de una pareja al pueblo, integrada por Burt y su novia Vicky, desencadenará unos acontecimientos que llevarán a la destrucción de la aldea, los campos y muchos de sus jóvenes habitantes.

Este es uno de los cuentos pertenecientes a *Night Shift* que han pasado al cine, y que ahora goza de un prestigio difícil de comprender. En su momento, fue duramente criticada y hasta se estableció la necesidad de poner un coto a la violencia de ciertas películas, tomando ésta como referencia. Como es habitual, la historia original está seriamente desvirtuada, y las sucesivas secuelas terminaron por desprestigiarla aún más. King, llego a decir: *"Realmente hay que esforzarse mucho para conseguir un bodrio como Los Chicos del Maíz"*.

OJOS DE FUEGO
Firestarter 1984
115 minutos

Director: Mark Lester
Música: Tangerine Dream
Guión: Stanley Mann
Basada en la novela *Firestarter* (Ojos de Fuego)

Intérpretes:
DREW BARRYMORE: Charlie
DAVID KEITH: Andrew
MARTIN SHEEN: Hollister
GEORGE C. SCOUT: John
HEATHER LOCKLEAR: Vicky

Una jovencita Drew Barrymore, interpretando a Charlie McGee, la hija de Andrew (David Keith) y Vicky (Heather Locklear), supone uno de los mejores alicientes del filme. La pequeña ha sido sometida anteriormente a unos experimentos secretos y como resultado, ha adquirido la habilidad poco envidiable de disparar fuego por sus ojos, simplemente movilizando su pensamiento. Charlie es perseguida por The Shop, una organización gubernamental igualmente secreta que quiere emplear sus habilidades para fines nada éticos.

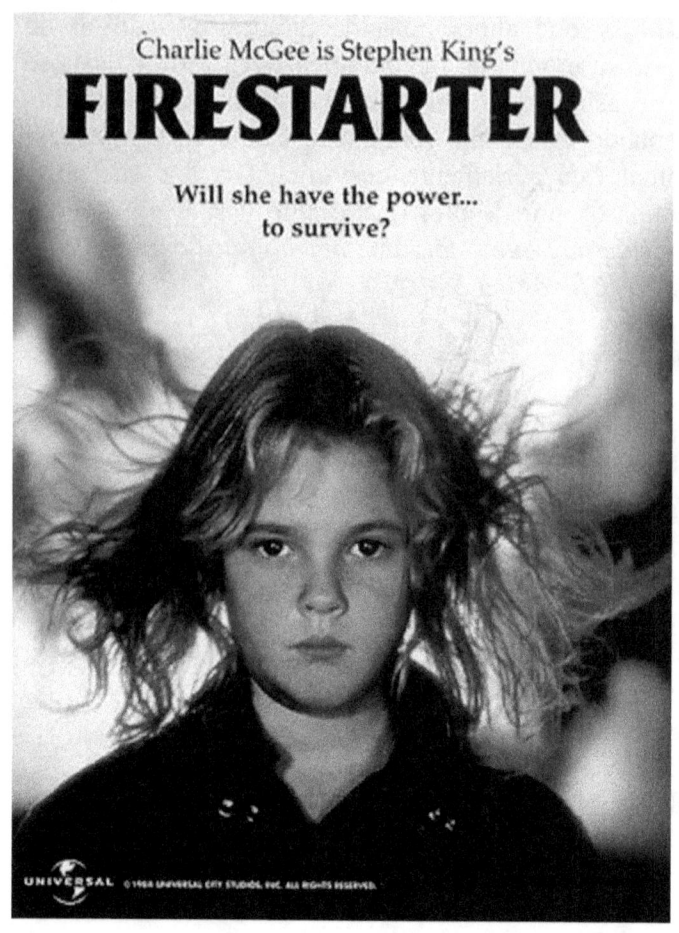

Los efectos especiales son sorprendentes para el momento en que fueron realizados, incluso cuando el guión y los diálogos rayen en ocasiones en la comicidad. El cast incluye a un prestigiado George C. Scott, Art Carney y Louise Fletcher, lo que es de agradecer.

Sería inútil insistir en que el filme se aparta reiteradamente de la historia original de King, algo que es habitual. Ella, Drew, realiza una interpretación similar a *Los ojos del gato*, lo que no es mucho decir. Pues entre tantos poderes y fuerzas demoníacas no nos extrañamos que, años después, se le cruzaran las ideas y buscase la solución en las drogas.

TALES FROM THE DARKSIDE
1984
93 minutos
Episodio *Cat From Hell*

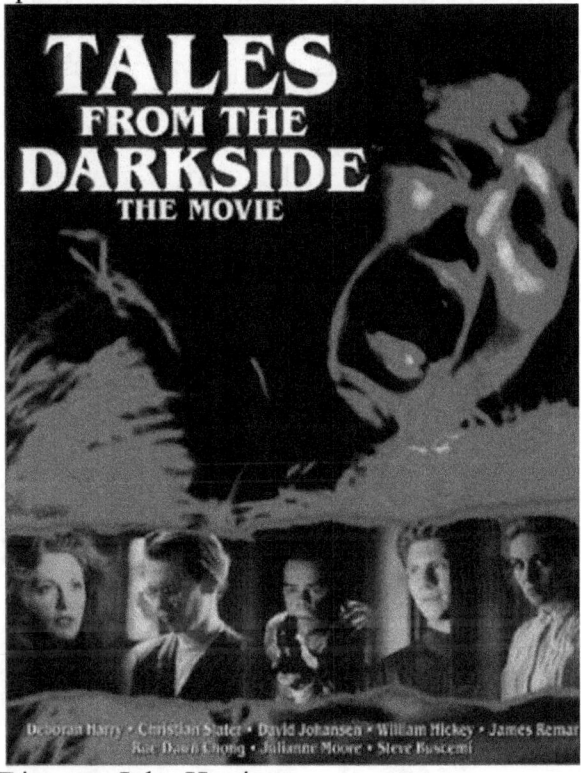

Director: John Harrison
Guión: George A. Romero, Michael McDowell
Música: Chaz Jankel

Intérpretes:
DEBBIE HARRY: Betty
WILLIAM HICKEY: Drogan
JAMES REMAR: Preston

El episodio de King se titula *El gato infernal,* en el cual nos hablan de Drogan, un millonario parapléjico que contrata a Halston para que mate al gato causante de la muerte de varias personas cercanas a él. Drogan está seguro que él está en esa lista macabra porque usó miles de gatos en unas pruebas de laboratorio para fabricar luego una droga que le hizo millonario. Halston pasa una noche espantosa con el gato y acaba siendo devorado. Drogan muere de un ataque cardíaco cuando el gato reaparece a través de la cara de Halston. (¡Vaya, ya les he contado el final!).

La historia es una de las primeras de King, inicialmente publicada en marzo 1977 por Cavalier. Había escritas solamente las primeras 500 palabras de la historia, pero los lectores aportaron el resto. La historia ganadora de este original concurso se publicó en junio de 1977, junto con la versión completa de King.

LOS OJOS DEL GATO
Cat's Eye 1985
94 minutos

Director: Lewis Teague
Guión: Stephen King
Basada en los cuentos *Quitters Inc* y *The Ledge*, recopilados en *Night Shift* (El Umbral de la Noche), más otro guión inédito: *General*

Intérpretes:
DREW BARRYMORE: Niña
JAMES WOODS: Morrison
CANDY CLARK: Sally
KENNETH MCMILLAN: Kressner

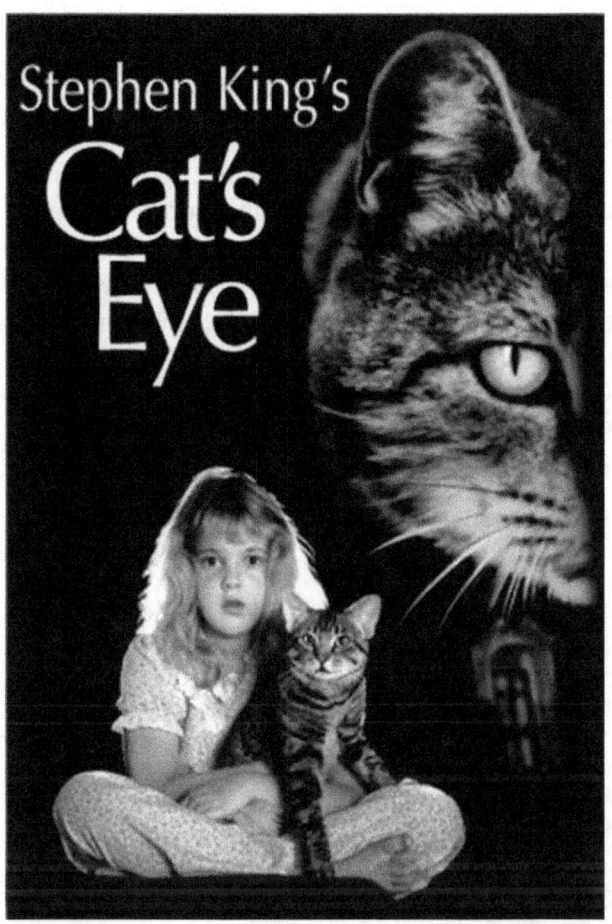

King escribió el guión en tan sólo 2 semanas usando unos cuentos publicados en *El Umbral de La Noche*, y un tercer capítulo escrito expresamente para Drew Barrymore. Aquí, King al igual que en su obra escrita, hizo un guiño a otras películas/libros suyos, y en ciertos momentos aparecen *Christine* y *Cujo*.

Nos encontramos con tres desiguales relatos, todos conectados entre sí gracias a un pequeño gato. La primera historia se refiere a un fumador recalcitrante de nombre Morrison (James Woods), quién para conseguir dejar de fumar acude al sádico Dr. Monatti. En el segundo episodio, un jugador llamado Cressner (Kenneth McMillan) hace una apuesta con el amante de su esposa. En el tercer episodio, una muchacha joven (Drew Barrymore) está aterrorizada por un gnomo diminuto al que solamente ella puede ver.

Aunque el guión fue escrito por Stephen King, quedó defraudado con los resultados y, especialmente, por la mala interconexión entre las historias al usar ese gato torpe. Quizá la mayor parte de la culpa la tuvo el director Lewis Teague, confundiendo al espectador. Sin embargo, la actuación de James Woods y los efectos especiales de Jeff Jarvis, le aportan cierto valor cinematográfico.

THE TWLIGHT ZONE
1986 CBS TV Series (Historia *Gramma*)
20 minutos

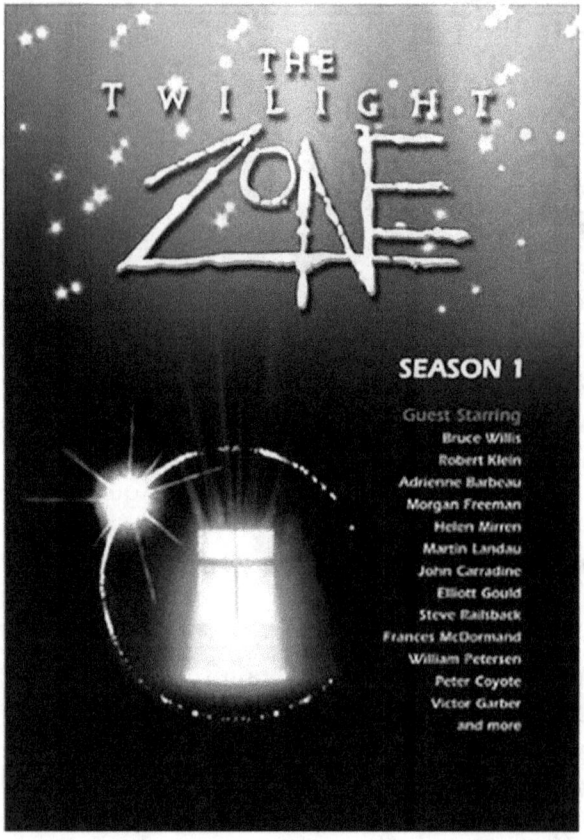

Director: Bradford May
Guión: Harlan Ellison

Intérpretes:
BARRET OLIVER: Georgie
DARLANNE FLUEGEL: Madre
FREDERIC LONG: Gramma

Éste es realmente el episodio cinematográfico más corto, limitado esencialmente por las otras tres historias. Los primeros planos nos muestran a una momia muy vivaracha que se acerca furtivamente a las víctimas seleccionadas; el segundo cuento es sobre un "gato infernal" que parece invencible y que deja detrás de sí un sendero de víctimas; la tercera historia versa sobre un hombre que no quiere atestiguar sobre una extraña matanza a pesar de haber prometido hacerlo, y el "relato intermedio" es la historia de una mujer que está preparándose para cocinar al joven vendedor de periódicos del barrio.
El episodio de King es una adaptación de la historia corta *Gramma,* aparecida en 1984.

MIEDO AZUL
Silver bullet 1985
95 minutos

Director: Daniel Attias
Guión: Stephen King
Basada en la novela *Cycle of the Werewolf* (El Ciclo del Hombre Lobo).

Intérpretes:
GARY BUSEY: Red
EVERETT McGILL: Reverendo Lowe
COREY HAIM: Marty Coslaw
MEGAN FOLLOWS: Jane Coslaw

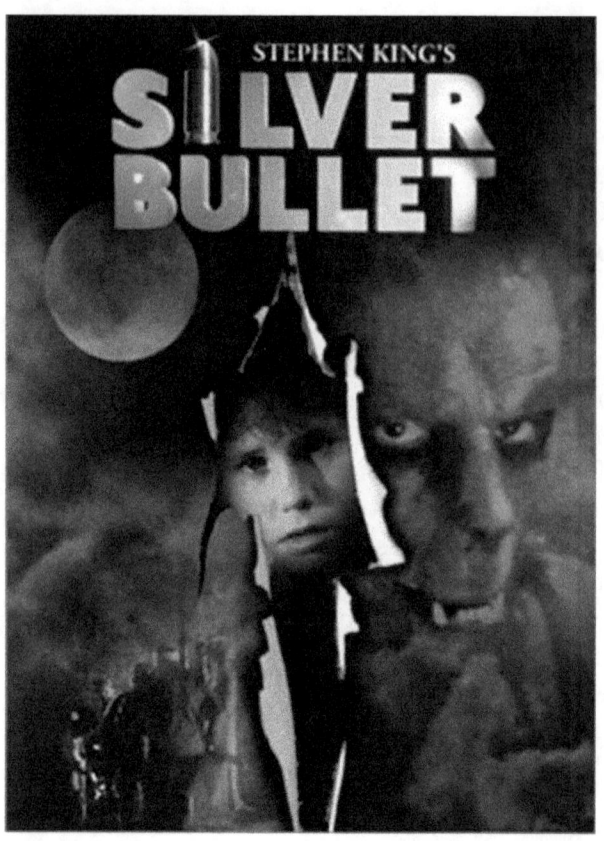

La película es una adaptación del propio King de su novela *Cycle of the Werewolf*, que se publicó primero como una edición limitada dentro de *Land Of Enchantment* en 1983.

Esta adaptación excéntrica no puede ser calificada exactamente como una buena película de terror, pero es lo suficientemente interesante como para recordarla. Es probable que *Silver bullet* (literalmente, Bala de plata) agrade al espectador debido a su planteamiento esquizoide, con cierto tono gótico que tanto gusta a los aficionados; adornado todo con aire de parodia y algo de drama adolescente.

En el guión de King hay cierta preponderancia en los diálogos, pero no acaban de encajar en esta historia de miedo y misterio. Los efectos especiales de Carlo Rambaldi (ET, Alien), son también un punto negativo, y eso no es razonable en alguien que ha ganado 3 Oscars. A pesar de estos problemas, *Silver bullet* ofrece algunos alicientes para los fans del terror: la dirección del veterano Daniel Attias es correcta y hay algunas secuencias memorables, incluso una escena donde los cazadores intentan atrapar al hombre-lobo, y otra cuando descubren su verdadera identidad.

La trama describe a un aparentemente inofensivo sacerdote en busca del único delator que puede truncar sus planes: un niño paralítico, cuyo único medio de escape es su silla de ruedas. Y es que cuando llega la noche, el bondadoso seguidor de Dios se transforma en el más despiadado de los vampiros, y solamente la tenacidad del pequeño y sus amigos pueden frenar una masacre de sangre y horror.

Inexplicablemente, *Silver Bullet* (nombre de la silla de ruedas del protagonista), fue renombrada en algunos países como *Miedo Azul*, e incluso como Phantasma.

El joven protagonista Corey Haim, que empezó a tener cierto prestigio gracias a esta película, acabó su carrera cuando se sumergió en el estúpido mundo de las drogas y el alcohol.

LA REBELIÓN DE LAS MAQUINAS
Maximun overdrive 1987
97 minutos

Guión: Stephen King
Director: Stephen King
Basada en el cuento *Trucks* (Camiones), recopilado en *Night Shift*

Intérpretes:
EMILIO ESTÉVEZ: Bill
PAT INGLE: Hendershot
LAURA HARRIGTON: Brett

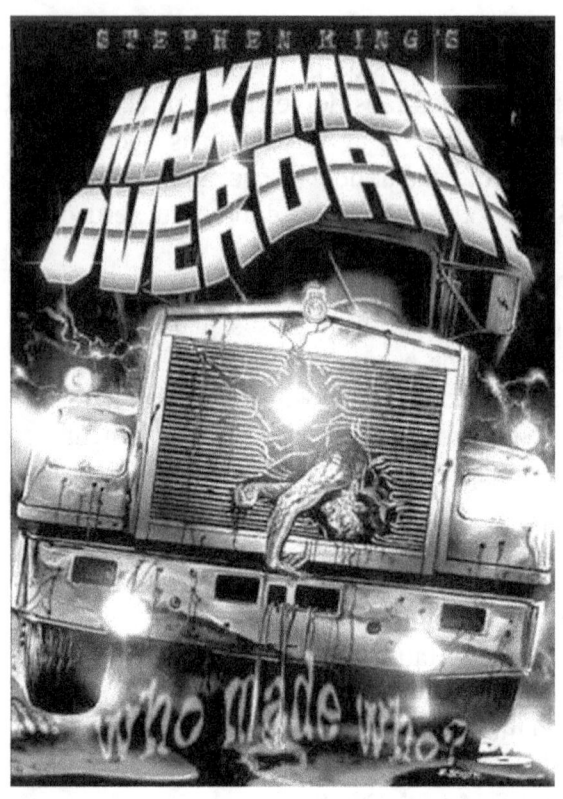

Cuando Stephen King decidió dirigir y escribir el guión de una de sus novelas, todos nos alegramos; por fin podría reflejar fielmente sus historias. En esta ocasión utiliza una novela que nos cuenta a su manera cómo las máquinas toman vida propia, con cerebro incluido, y atacan al hombre para hacerse con el poder absoluto. De esta manera, camiones gigantescos, centrales eléctricas, ascensores y hasta inocentes frigoríficos y secadores de pelo, matan a todos los que se oponen en sus deseos.

Pero el desencanto nos llega ya en los primeros minutos de proyección, pues si la dirección es mala, la pobreza de medios económicos raya en la avaricia y King se gana un suspenso total en su papel como director. Los actores tratan de contagiarnos el miedo que el guión les exige, pero poco consiguen ya que salvo algún gigantesco camión de mudanzas, el resto de las máquinas no nos parecen más terribles que un contenedor de la basura vacío y oxidado.

A veces la realidad supera a la ficción y durante el rodaje en julio de 1985, una cortadora de césped que tenía que perseguir en una escena a un joven, continuó funcionando al finalizar la secuencia, como si de una verdadera rebelión se tratara, acabando su camino estrellándose contra el equipo de fotografía de Armando Nannuzzi. Las astillas de uno de los soportes de las cámaras saltaron a la cara de éste, dándole en los ojos y dejándole inhabilitado para trabajar. El 18 de febrero de 1987 presentó una demanda de 18 millones contra King.

CUENTA CONMIGO
Stand by me 1986
87 minutos

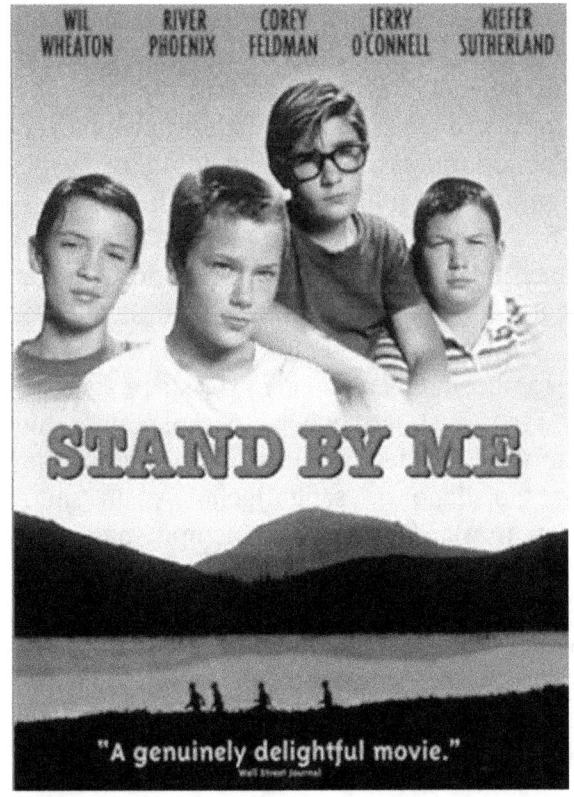

Director: Rob Reiner
Fotografía: Thomas Del Ruth
Guión: Raynold Gideon, Bruce A. Evans
Basada en la novela corta *The Body* (El Cuerpo), recopilada en *Different Seasons* (Las Cuatro Estaciones).

Intérpretes:
WILL WHEATON: Gordie
RIVER PHOENIX: Chris
COREY FELDMAN: Teddy
KIEFER SHUTERLAND: Ace
RICHARD DREYFUSS: Escritor

Inesperadamente, *Cuenta Conmigo* fue un gran éxito en taquilla. Con un presupuesto inicial de 8 millones de dólares, las recaudaciones lo superaron ampliamente en su estreno, consiguiéndose solamente en EE.UU. 46 millones. Después de *El resplandor*, era ya la película de King más taquillera.

Estamos ante uno de los pocos filmes en los cuales podemos ver al malogrado River Phoenix en sus años de juventud, un actor que tenía ya casi asegurado el triunfo, aunque su afición a las drogas lo malogró.

No estamos ahora ante una película de terror, sino en una historia sobre las alegrías y dolores de unos jóvenes. Cuatro muchachos entre los 12 y 13 años, emprenden una marcha nocturna a través de los bosques en dirección a su pueblo de Oregón para encontrar a un amigo que ha desaparecido. Su andar incluye una gran variedad de aventuras (incluso el ataque de un perro, un pantano lleno de sanguijuelas, y un salto accidentado desde un tren). También es tiempo para las revelaciones personales, silencios obvios, y la habitual entre amigos.

Relatada en los años cincuenta, la película se recrea en la nostalgia idealista, pero consigue entretener gracias a la relación entre los chicos, con sus eternos problemas universales de amistad, familia, el carácter y la autoestima. Nominada al oscar por Mejor Guión.

El director Rob Reiner consiguió posteriormente un nuevo triunfo con el filme "La princesa prometida", fundando posteriormente la compañía Castle Rock Entertainment, productora que terminó formando parte del entramado Time Warner.

THE LAST RUNG ON THE LADDER
1987
12 minutos

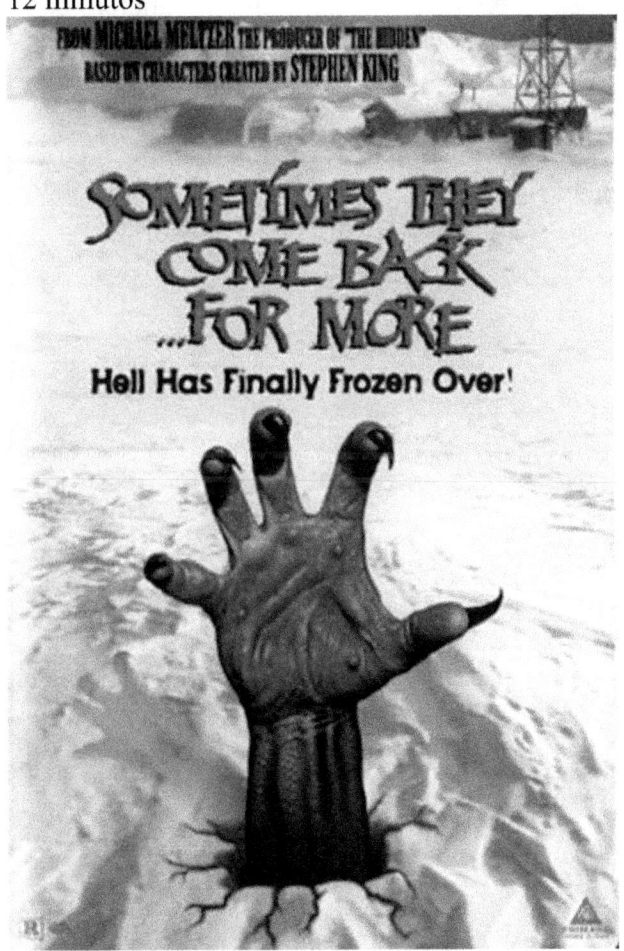

Director: James Cole, Dan Thron
Guión: James Cole

Intérpretes:
ADAM HOUHOULIS: Larry
MELISSA WHELDEN: Kitty
NAT WORDELL: Dan

Basada en una historia publicada en *Night Shift* con el mismo nombre, nos habla de dos hermanos que en su juventud jugaban juntos. El juego consistía en subir a la zona alta del granero con una vieja escalera de mano, dejándose caer desde la altura hasta la blanda paja. Pero en una ocasión la escalera de mano se trabó y la chica se queda colgada en el aire, justo en el último escalón. El hermano pone rápidamente suficiente cantidad de heno en el suelo para que ella aterrice sin problemas. Años después, cuando son mayores, la hermana salta de un edificio al vacío y muere.

CREEPSHOW 2
1987
92 minutos

Director: Michael Gornick
Fotografía: Dick Hart
Guión: George A. Romero
Basada en el cuento *The Raft*, del libro *Skeleten Crew*, más otros dos guiones inéditos: *Old Wood'nhead* y *The Hitchiker*.

Intérpretes:
LOIS CHILES: Anne
GEORGE KENNEDY: Ray
DOROTHY LAMOUR: Martha
TOM SAVINI: The Creep
STEPHEN KING: Truck

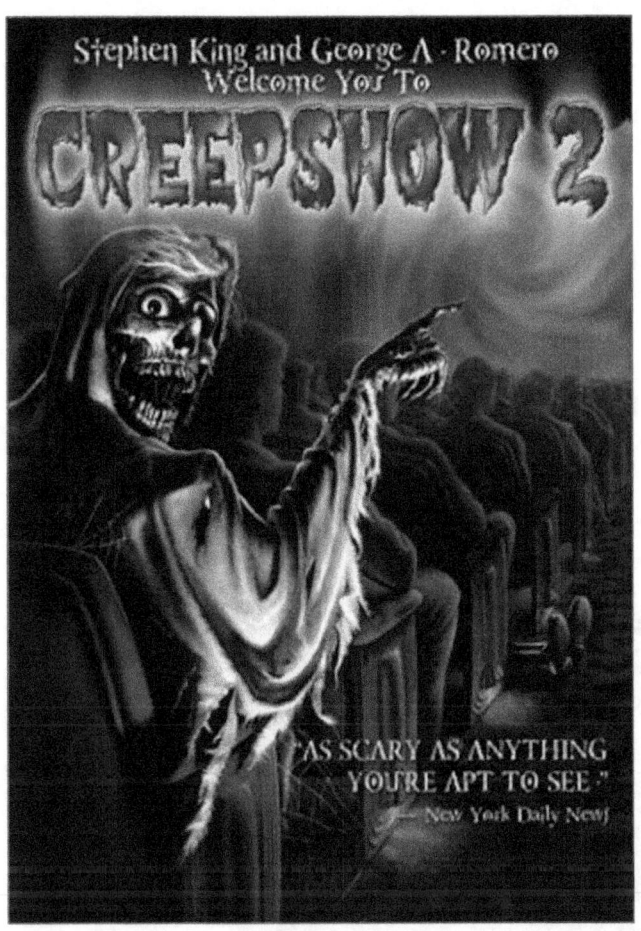

Hubo cierta decepción con este filme, pues las tres historias que contiene no tienen la misma fuerza que las cinco anteriores. La primera de ellas, con el viejo Woodenhead, interpretado acertadamente por George Kennedy, como el dueño de una tienda de un pueblo, comienza de forma trágica y termina con una venganza por parte de una estatua que representa a un jefe indio. No hay sustos, salvo para los delincuentes asesinos.

La siguiente, titulada La Balsa, es posiblemente la mejor de las tres, con esos cuatro jóvenes estudiantes que se van a nadar en un lago con una balsa. El miedo comienza cuando una masa viscosa decide darse un atracón con ellos.

Y la última, que debería dejarnos un buen sabor de boca, es la peor. La chica ha tenido un problema sentimental y se marcha en su automóvil. Cuando atropella a un autostopista se siente abrumada, pero en lugar de auxiliarle se da a la fuga, algo que le traerá serios problemas porque el muerto decide vengarse y se le aparece súbitamente en la carretera diciendo: "Gracias por el paseo, señora". Muy gracioso, pero poco aterrador.

A Stephen King le vemos en este capítulo con un papel pequeño como un camionero.

PERSEGUIDO
The Running Man 1987
101 minutos

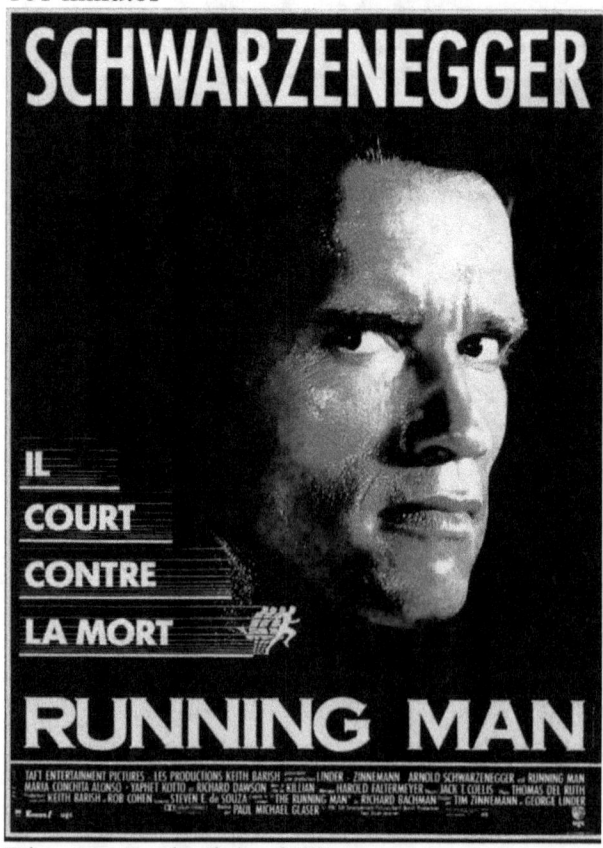

Director: Paul Michael Glaser

Fotografía: Thomas del Ruth
Guión: Steven De Souza
Basada en la novela *The Running Man* (El Fugitivo) de Richard Bachean

Intérpretes:
ARNOLD SCHWARZENNEGER: Ben
MARÍA CONCHITA ALONSO: Amber
RICHARD DAWSON: Damon

Uno de las mejores adaptaciones cinematográficas de una novela de Stephen King, llevada a un mundo futuro, en donde Arnold Schwarzenegger interpreta con acierto al fugitivo. Con un correcto guión de Steven E. de Souza y John Herzfeld, las escenas violentas son suavizadas gracias a ciertos toques irónicos, lo que permitió su llegada a un público más amplio.

El resultado es una visión de un futuro más incruento que el presente, con la televisión buscando programas que logren audiencias millonarias, aun a costa de tocar las bajezas de los espectadores. Igual que ahora, vamos, pero con más sangre.

Schwarzenegger y la hermosa María Conchita Alonso, nos proporcionan los alicientes necesarios: músculos él, belleza ella. Ambos hacen lo que el espectador pide, y aunque no les daríamos un Oscar a la mejor interpretación, nos alegra verles en acción.
La película fue acusada de plagio por los productores de "Le prix du danger (1983)", filmada en Francia, basada en una novela de Robert Sheckley.

EL CEMENTERIO VIVIENTE
Pet Sematary 1989
103 minutos

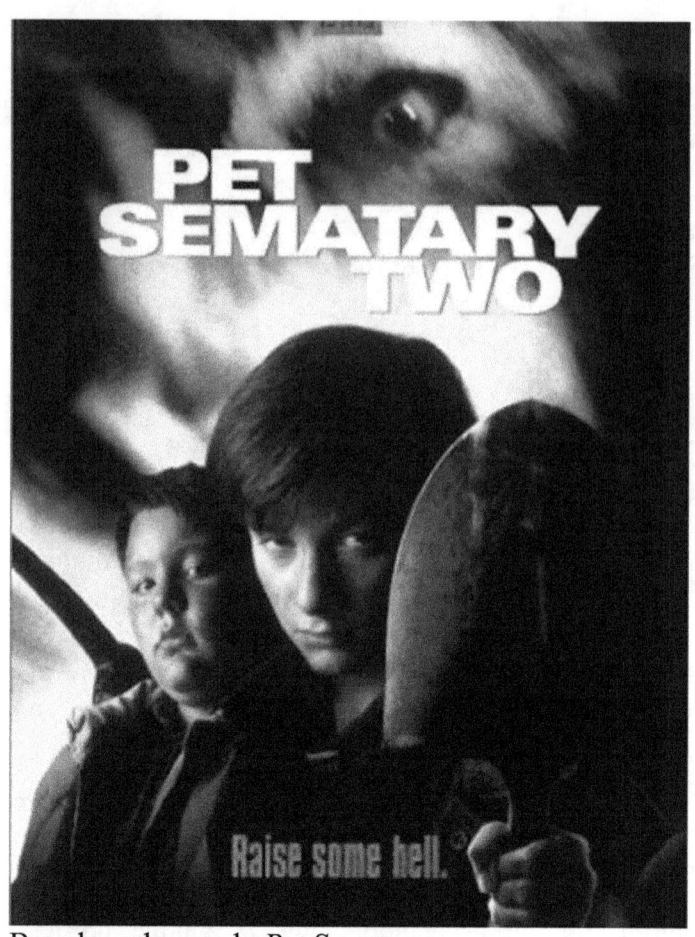

Basada en la novela *Pet Sematary*
Guión: Stephen King
Director: Mary Lambert

Intérpretes:
DALE MIDKIFF: Dr. Louis
DENISE CROSBY: Rachel
FRED GWYNNE: Jud

La historia arranca con el atropello de un niño por un camión y el dolor tan fuerte que siente su padre, testigo del accidente.

El drama comenzó cuando el Dr. Louis Creed (Dale Midkiff) y su familia llegan a esa vieja granja de Maine procedente de Chicago; su única preocupación es la carretera que flanquea su nueva casa. Un vecino del lugar, el viejo Jud Crandall (Fred Gwynne), les presenta todas las atracciones locales, incluso un cementerio construido encima de tierra sagrada india. Pronto viven la primera tragedia cuando el gato de Ellie es atropellado por un camión. Jud aconseja a Louis que lo entierre en la zona vieja del cementerio, aunque al día siguiente el animal vuelve a la vida con un comportamiento agresivo. Este hecho sirve al padre para que ponga en marcha los mismos poderes mágicos que harán que resucite su hijo muerto en un accidente. Pero si el gato resucitado demuestra una gran agresividad, el muchacho sin alma se convierte en un eficaz asesino.

Los incondicionales de King estuvieron satisfechos con esta historia, aunque ahora el argumento se nos muestre poco elaborado y con un énfasis desmedido en la tragedia y posterior locura del protagonista.

EL GATO INFERNAL
Tales from the Darkside: The Movie 1990
93 minutos

Director: John Harrison
Guión: George Romero, Michael McDowell
Basada en el cuento *The Cat From Hell* (no recopilado en antologías oficiales), más otros guiones no pertenecientes a Stephen King.

Intérpretes:
DEBORAH HARRY: Betty
CHRISTIAN SLATER: Andy

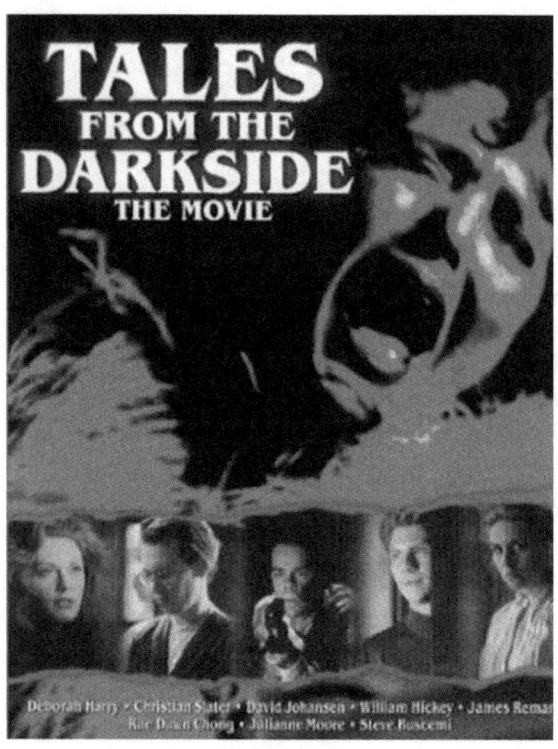

De los mismos productores de *Creepshow 1 y 2*, nos dan ahora otra colección de asesinatos, basada en el show de TV de los años 80 que definió la era del miedo de la televisión. Esta película trata sobre una bruja mortalmente mala (interpretada por Deborah Harry), quién planea cocinar un poco a un muchacho llamado Timmy (Mattew Lawrence), pero mientras ella está preparando la cena, él lee en voz alta tres historias de horror. La primera historia se llama "Lot 249" que trata sobre una momia que es resucita por un arqueólogo; la segunda historia que se llama " Cat From Hell" nos habla de un asesino contratado por un hombre rico viejo para matar un gato, y la última historia "Lover's Vowse" que trata de un artista de Nueva York que vio a su amigo morir por un monstruo alado.

Bien, unir a Stephen King, George Romero, Michael McDowell (Bitelchus), Richard P. Rubenstein y Arthur Conan Doyle (el autor de Sherlock Holmes), suponen siempre un aliciente.

Además, el correcto maquillaje de Robert Kurtzman, contribuye a mejorar los resultados.

LA FOSA COMÚN
Greveyard Shift 1990
87 minutos

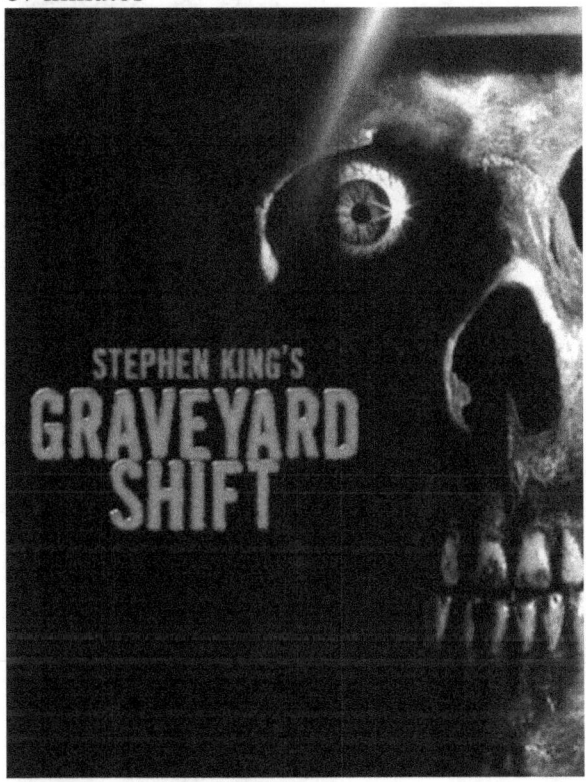

Director: Ralph Singleton
Guión: John Esposito
Basada en el cuento *Graveyard Shift* (El Último Turno), recopilado en *Night Shift*

Intérpretes:
DAVID ANDREWS: John
KELLY WOLF: Jane
BRAD DOURIF: Exterminator

STEPHEN MACHT: Warwick

Para aquellos que buscan ávidamente películas basadas en libros de King, ésta es una de las peores adaptaciones. Afortunadamente, la duración es corta y no tendrán tiempo de enfadarse mucho por lo que ven. Una serie de personajes desconocidos juegan en los alrededores de un nido de ratas, el peor lugar para divertirse, especialmente cuando las ratas son más grandes que ellos. Afortunadamente el director no era muy hábil, y el terror da paso a la risa con frecuencia, aunque si somos benevolentes podemos sentir un ligero escalofrío, especialmente si no han cerrado las puertas del cine y nos da el aire de la calle. Brad Dourif es el exterminador excéntrico y quizá el único personaje que merece la pena.

IT, ESO
It 1990
193 minutos

Director: Tommy Lee Wallace
Guión: Lawrence D. Cohen

Intérpretes:
HARRY ANDERSON: Richie
ANNETTE O'TOOLE: Beverly
TIM CURRY: Penny wise
JOHN RITTER: Ben

Elaborada para la televisión, tuvo su mejor triunfo en la pantalla grande y posteriormente en el mercado del vídeo. Nos cuenta la historia de un pueblo donde ocurren unas extrañas muertes, debidas a la presencia de un maléfico payaso que solamente pueden ver unos niños. 30 años después, esa misma fuerza vuelve para seguir ejerciendo su horror, hasta que esa antigua pandilla regresa, ya convertidos en adultos, para hacerle frente en su propia morada.

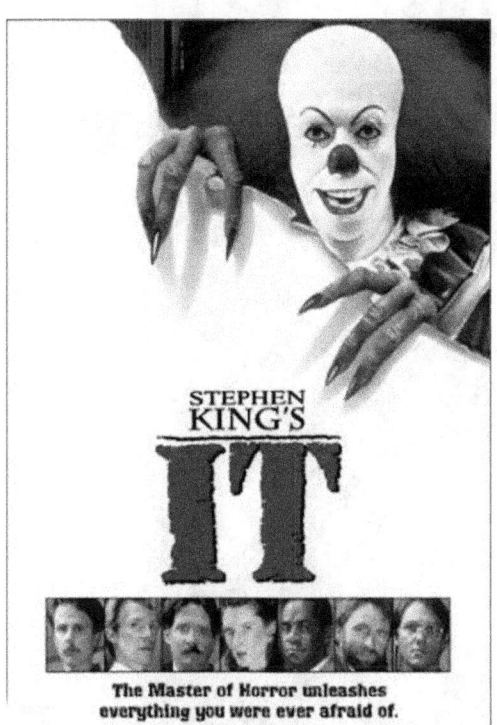

STEPHEN KING'S

IT

The Master of Horror unleashes everything you were ever afraid of.

Ahora todo es distinto, pues tienen madurez y experiencia, pero el monstruo ha crecido en maldad y eficacia, por lo que consigue seguir haciéndoles daño, además de introducirse en el subconsciente de sus víctimas, donde es el dueño y señor.

Lograda y tensa película de terror que no consiguió el merecido reconocimiento, a pesar de que se trata de una de las mejores versiones cinematográficas de los relatos de Stephen King. Ahora sabemos que no quiso vender los derechos de autor de la novela a menos que se comprometieran a que todas las escenas del libro fueran plasmadas en la película. Esa fue la razón para rodarla para la televisión como serie en capítulos, y en su pase a DVD se incluyeron algunas escenas perdidas entonces.

MISERY
1990
107 minutos

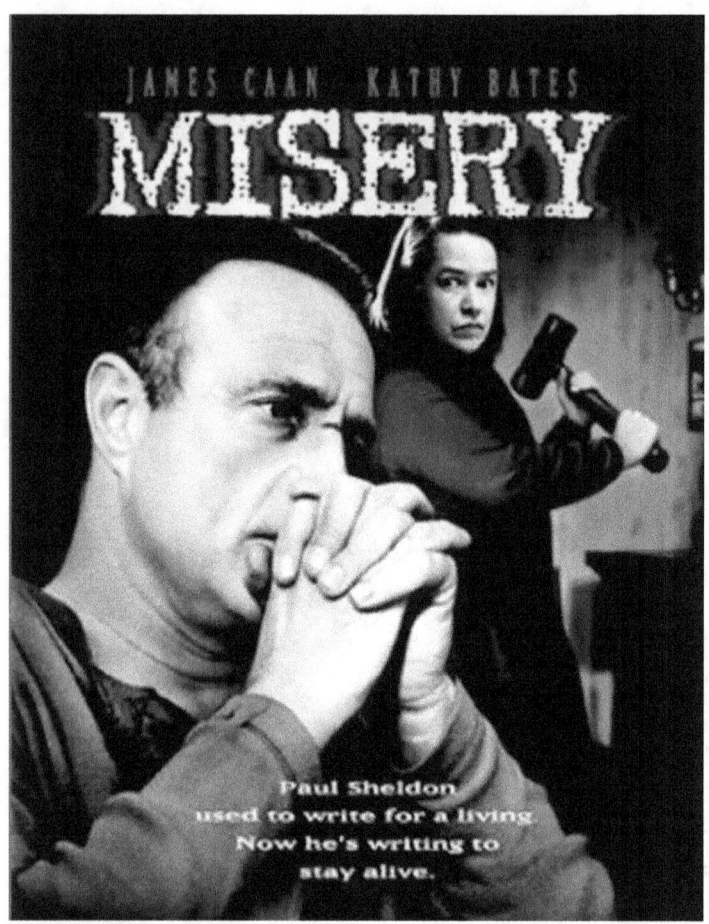

Basada en la novela *Misery*
Director: Rob Reiner
Guión: William Goldman

Intérpretes:
KATHY BATES: Annie
JAMES CAAN: Paul
RICHARD FARNSWORTH: Sheriff
LAUREEN BACALL: Marcia

Basada en la novela del mismo título, nos relata la vida de Paul Sheldon, un escritor que después de un accidente de automóvil

98

se encuentra perdido en una ventisca, al borde de la muerte. Afortunadamente es rescatado por Annie Wilkes (Kathy Bates), una enfermera que le lleva hasta su casa para que se recupere. Casualmente ella le conoce profundamente, pues es una admiradora de su trabajo, una serie de novelas románticas sobre un personaje denominado Misery Chastain. Lo que ella no sabe es que Paul, queriendo explorar un trabajo más serio, ha decidido matar a Misery para escribir un libro distinto, autobiográfico, sobre la vida en las calles. Annie, que ha vivido casi indirectamente a través de Misery Chastain durante años, se enfurece cuando sabe el triste destino del personaje que tanto se asemeja a ella. Para obligar al escritor a que rectifique, ella le presiona para que queme el manuscrito autobiográfico y resucite a Misery.

El filme alcanzó bastante éxito de público y crítica, y sirvió para que King revalidara su trabajo como escritor, ahora con temas menos fantásticos.

ELLOS PUEDEN VOLVER
Sometimes the come back 1991
97 minutos

Director: Tom McLoughlin
Guión: Lawrence Konner - Mark Rosenthal
Basada en el cuento *Sometimes The Come Back* (A Veces Vuelven), recopilado en *Night Shift*.

Intérpretes:
TIM MATHESON: Jim
BROKER ADAMS: Rally
WILLIAM ANDERSON: Mueller
MATT NOLAN: Billy

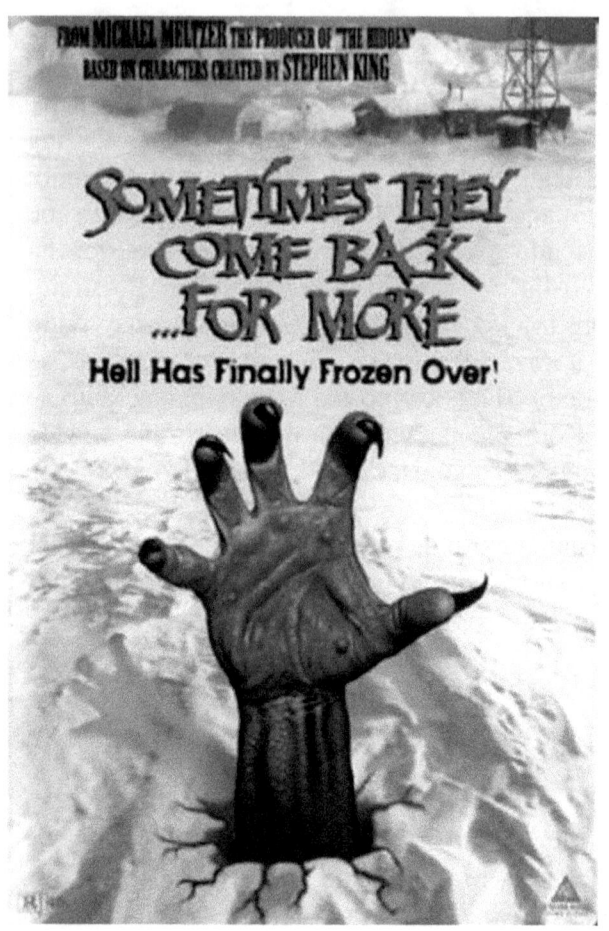

Se trata de una historia muy bien construida sobre el drama ocasionado por una venganza. En ese sentido, el filme tiene cierto parecido con "Kiss of Death" o "Cape Fear liar", en donde un gángster resentido y psicópata vuelve para destruir a la persona que culpa de su encarcelamiento. En esta ocasión los protagonistas son tres niños que atormentaron a uno de ellos cuando era pequeño, pero ahora deben pagar sus culpas cuando regresa el hermano del muerto.

La película interpreta la historia de King bastante muy bien, y los cambios que se han hecho no alteran sustancialmente la trama, agregando ciertos detalles de interés. Al final, se

100

incorpora parte de la historia original de King fuera de contexto, pero correctamente encajada, prometiéndonos una continuación terrorífica que nunca llegó.

SONÁMBULOS
Sleepwalkers 1992
91 minutos

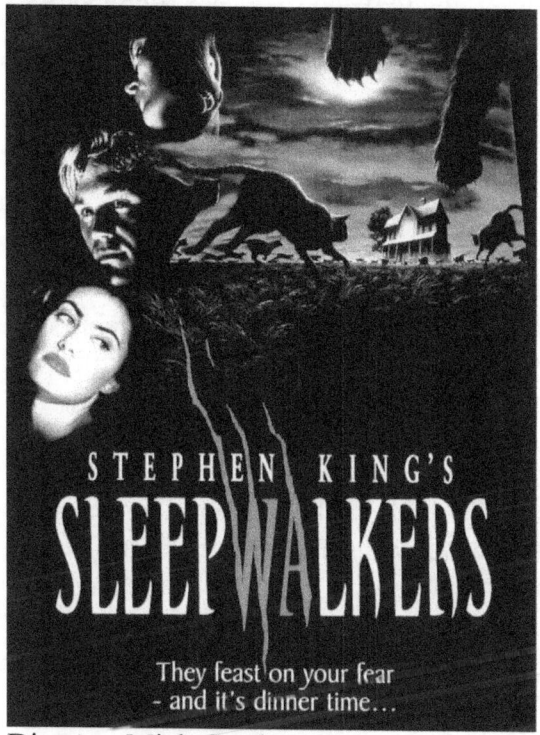

Director: Mick Garris
Fotografía: Rodney Charters
Guión: Stephen King

Intérpretes:
BRIAN KRAUSE: Charles
MADCHEN AMICK: Tanya
ALICE KRIGE: Mary
JIM HAYNE: Ira
STEPHEN KING: Enterrador

Stephen King escribió sus primeros guiones originales para el cine con esta historia de sangre y horror que ofrece los cameos de directores como Clive Barker, Joe Dante, Tobe Hooper, John Landis, Mark Hamill y él mismo.

Charles Brady y su madre, Mary, son los últimos de una raza inmortal cuyas necesidades no pertenecen a este mundo. Se denominan como sonámbulos y su eternidad está sujeta a un hecho: deben alimentarse con la fuerza vital, la sangre, de jóvenes vírgenes. Capaces de cambiar su aspecto físico, están destinados a vagar por la tierra escapando para no ser descubiertos, siempre en busca de su próxima víctima. Las criaturas son similares a los vampiros y hombre-lobos, cuyas caras se vuelven deformes cuando se asustan o enfadan, debiendo buscar entonces a una virgen para sobrevivir.

Esta familia de sonámbulos ha llegado a un pequeño pueblo de Indiana y todo se complica cuando el joven Charles manifiesta un interés romántico por Tanya Robertson, una muchacha de la escuela secundaria. Él no desea que la chica se convierta en monstruo gracias a un mordisco en el cuello, pero su demoníaca madre opina lo contrario. Pronto ambos desencadenan una fuerza brutal y violenta que desencadena una masacre, todo adornado con un incesto que obligó a censurarla para no ser clasificada X.

Se llegaron a usar 120 gatos en las escenas finales y Clovis, el gato protagonista, tenia 7 extras para las escenas más delicadas.

AÑOS DORADOS
Golden Years 1991 TV
232 minutos

Director: Stephen Tolkin, Michael Gornick, Ken Fink, Allen Coulter
Fotografía: Alex Nepomniaschy
Guión: Lawrence Konner, Mark Rosenthal

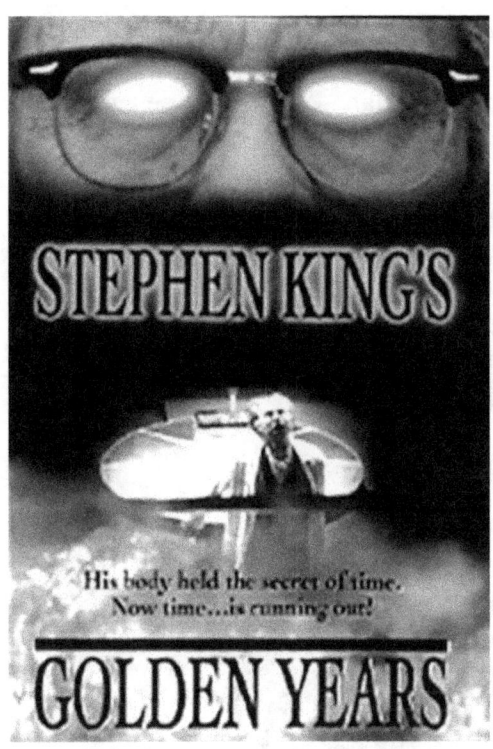

Intérpretes:
KEITH SZARABAJKA: Harlan
ED LAUTER: Louis
STEPHEN KING: Conductor autobús
FELICITY HUFFMAN: Terry

King crea una visión deprimente sobre los progresos científicos, apoyándose en buenos actores como Keith Szarabajka y Frances Sternhagen (Misery), y el buen maquillaje y efectos especiales de Dick Smith (El Exorcista, Amadeus), además de un soberbio final. El guión fue realizado directamente para esta serie de 8 horas de duración, participando también en el rodaje. Aunque tuvo buena audiencia, los productores decidieron finalizarla, desentendiéndose King en el último capítulo. *"Si bien no será nunca una obra maestra –dijo King-, por primera vez reconozco*

perfectamente mi trabajo en la pantalla y me siento
perfectamente satisfecho con la serie".

Cuando el viejo conserje Harlan Williams se expone
accidentalmente a los efectos tóxicos de una explosión del
laboratorio, sufre un cambio extraordinario. El gobierno no
quiere interrumpir los experimentos, necesita aprender de sus
errores, y no le importa sacrificar a personas inocentes. Pronto,
Harlan, su esposa Gina y el jefe de seguridad del laboratorio,
deben huir de los agentes federales. Al mismo tiempo, y
lentamente, Harlan continúa su transformación en algo que el
mundo científico nunca imaginó.

EL CORTADOR DE CÉSPED
The Lawnmower Man
1992

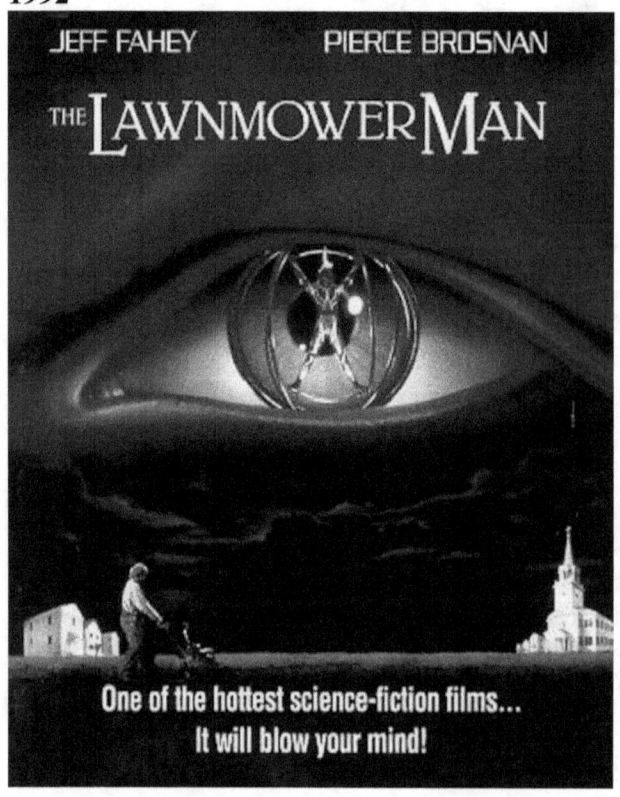

108 minutos
Director: Brett Leonard
Fotografía: Rusell Carpenter
Guión: Brett Leonard, Gimel Everett.
Basada en el cuento *The Lawnmower Man*, recopilado en *Night Shift*

Intérpretes:
JEFF FAHEY: Jobe
PIERCE BROSNAN: Dr. Angelo
JENNY WRIGHT: Marnie
GEOFFREY LEWI: Terry

Flojamente basada en una historia corta de Stephen King que apareció por vez primera en mayo de 1975, una vez estrenada se desencadenó una serie de problemas entre King y los productores que llegó hasta los tribunales. El origen está en la desvirtuación casi total de la novela original, hasta tal punto que la similitud solamente está en el título. Ello originó la ruptura con la editora Doubleday, por vender los derechos para el cine algunos relatos de King al productor británico Milton Subotsky. Cuando Subotsky murió, su familia revendió los derechos de *El cortador de Cesped* a Doubleday, que usó el argumento para una película sobre la realidad virtual, y mezclaron el título con otro guión que ya existía para otro proyecto llamado Cybergod. Aún con todo, el filme tuvo bastante éxito comercial, aunque King exigió que se retirase su nombre de la publicidad y los títulos de crédito.

La historia nos habla de un científico que trabaja para una agencia gubernamental llamada Cybertech, quienes han estado experimentando con algo que mejore la inteligencia. Usando drogas y la tecnología de realidad virtual, han logrado mejorar el cociente intelectual de unos chimpancés, pero también les ha hecho más agresivos. Pronto deciden ampliar los experimentos con los humanos y esto les lleva hasta Jobe Smith, un hombre ligeramente retardado que corta su césped. Los problemas y las sorpresas comienzan al poco tiempo.

LA MITAD OSCURA
The Dark Half 1992
122 minutos

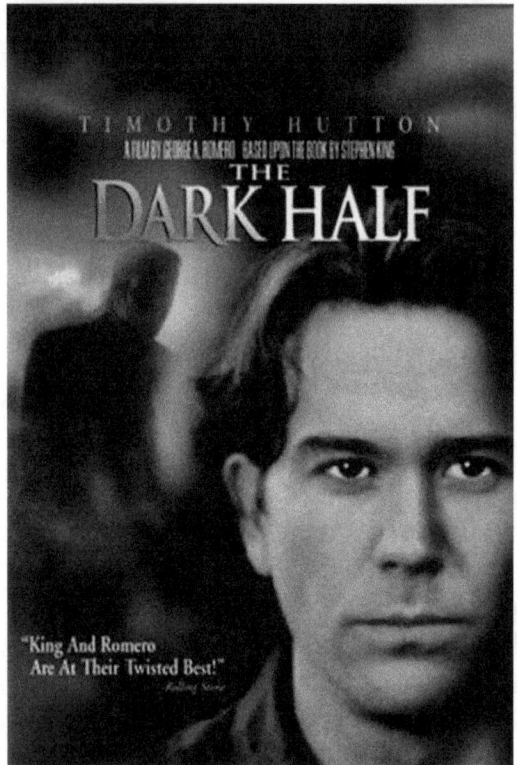

Director: George A. Romero
Basada en la novela *The Dark Half*
Guión: George Romero

Intérpretes:
TIMOTHY HUTTON: Thad Beaumont
MICHAEL ROOKER: Sheriff Alan Pangborn
AMY MADIGAN: Liz Beaumont
JULIE HARRIS: Reggie Delesseps

Se trata de la primera colaboración entre las leyendas de horror de George A. Romero y Stephen King desde 1982, ahora empleando esta novela de King escrita en 1991, aunque la quiebra de la distribuidora Orion Pictures en ese mismo año condenó a *La Mitad Oscura* casi al limbo de la distribución.

La historia nos habla del escritor Thad Beaumont (Timothy Hutton), cuya popularidad en la universidad se debe al éxito financiero de una serie de películas de terror y violencia escritas bajo el seudónimo de George Stark. Ahora se ve obligado a planear el asesinato de un chantajista, lo que le convierte en un personaje igual al de sus novelas. Como si de un Mr. Hyde se tratase, el escritor se transforma en otro de sus personajes de ficción y siembra el terror incluso entre sus amigos, aunque sólo es cuestión de tiempo para que las sospechas se vuelvan contre él, el único que sabe los orígenes reales de su horroroso gemelo.

Aunque no es de las mejores películas de Romero, se le nota su maestría y sobretodo su habilidad a la hora de buscar el efecto terrorífico en el espectador. A destacar, el rescate para el cine de Julie Harris.

LOS TOMMYKNOCKERS
1993
181 minutos

Fotografía: Danny Burstall
Guión: Lawrence Cohen
Director: John Power

Intérpretes:
JIMMY SMITS: Jim
MARG HELDENBERGER: Bobby
JOANNA CASSIDY: Sheriff Ruth

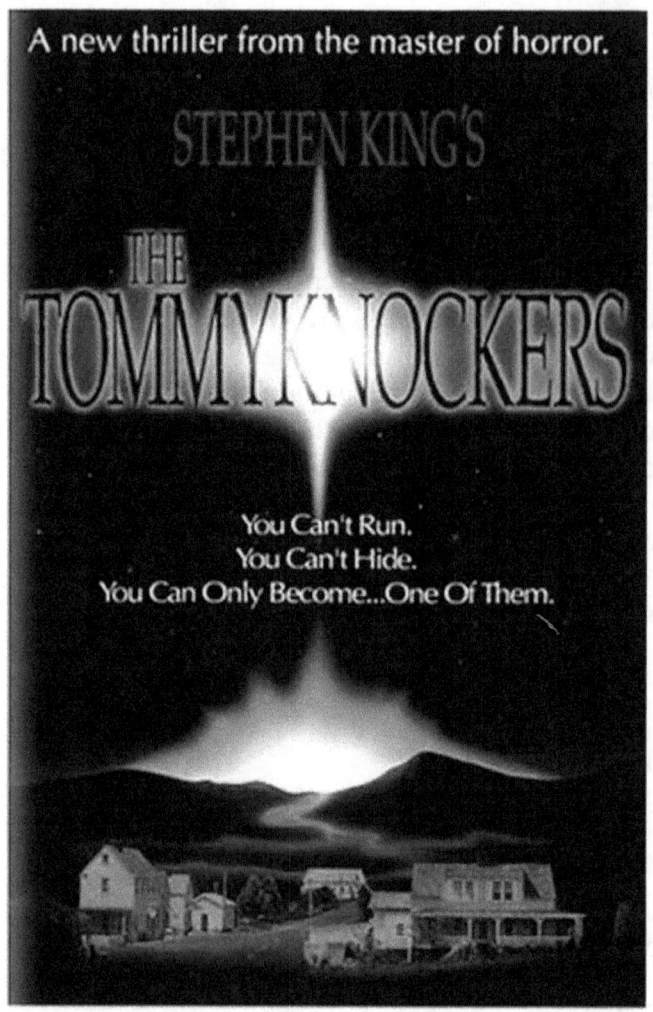

Hay un pueblo pequeño que hasta hoy vivía una existencia tranquila, pero cuando llegan al bosque cercano unos extraños seres toda la población se transforma. En realidad están poseídos, hipnotizados por unos alienígenas que quieren apoderarse del planeta, aunque unos pocos se dan cuenta de ello y tratan de impedirlo. Con el paso de los días solamente Jim logra evitar ser poseído por los intensos poderes mentales de los extraños y debe aniquilarles antes de que consigan su propósito.

Este relato adaptado para TV, nos introduce en un ambiente fantástico mezclado con el drama humano de su protagonista, un escritor ambicioso y un poeta alcohólico, quien literalmente tropieza con una nave espacial enterrada hace largo tiempo en el bosque. Desde ese momento el color verde resplandeciente invade todo el contorno, presagiando lo peor. Él parece ser el único que no ha sido poseído por los poderes telepáticos de los invasores, pero su relación con los habitantes nunca ha sido buena, así que no consigue ayuda de nadie, mucho menos de su esposa. Nadie nos explica la razón por la cual él parece inmune a este poder mental; quizá porque a los extraterrestres no les gusta el alcohol de su cerebro.

APOCALIPSIS
The Stand 1994 TV
330 minutos

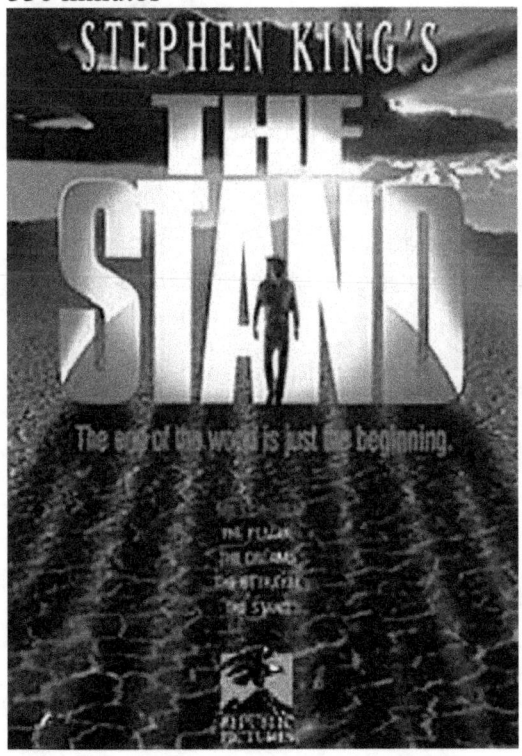

Director: Mick Garras
Guión: Need Info

Intérpretes:
GARY SINISE: Stu Redman
MOLLY RINGWALD: Frankie
JAMEY SHERIDAN: Randall
STEPHEN KING: Teddy

Considerada como una de las mejores novelas de terror, *The Stand* se ha publicado en dos versiones diferentes, una resumida en 1978 y otra ligeramente puesta al día y en versión íntegra en 1991. Las dos muestran la misma historia, con los EE.UU. padeciendo una epidemia gripal que afecta al 99% de la población y los sobrevivientes refugiándose en un campamento.

La ABC utilizó la novela para una miniserie, aunque King insistió que debería hacerse utilizando la versión íntegra de la novela, y no la resumida inicial. Pero comprimir las 1.000 páginas no era posible en las tres horas previstas, al menos sin anular muchos personajes y situaciones, una proposición muy arriesgada dado que *The Stand* era una novela de gran prestigio, tal y como ocurría con "El señor de los anillos" de Tolkien. Para evitar fallos, la ABC pidió a King que tomara las riendas del guión.

Cuando terminó el rodaje Stephen King dijo que *The Stand* había resultado ser una miniserie maravillosa, y la comparó con "Raíces" de Alex Haley de 1977.
La edición en DVD presenta la miniserie completa en dos DVDs, sin anuncios.

LA TIENDA
Needful Things 1993
120 minutos

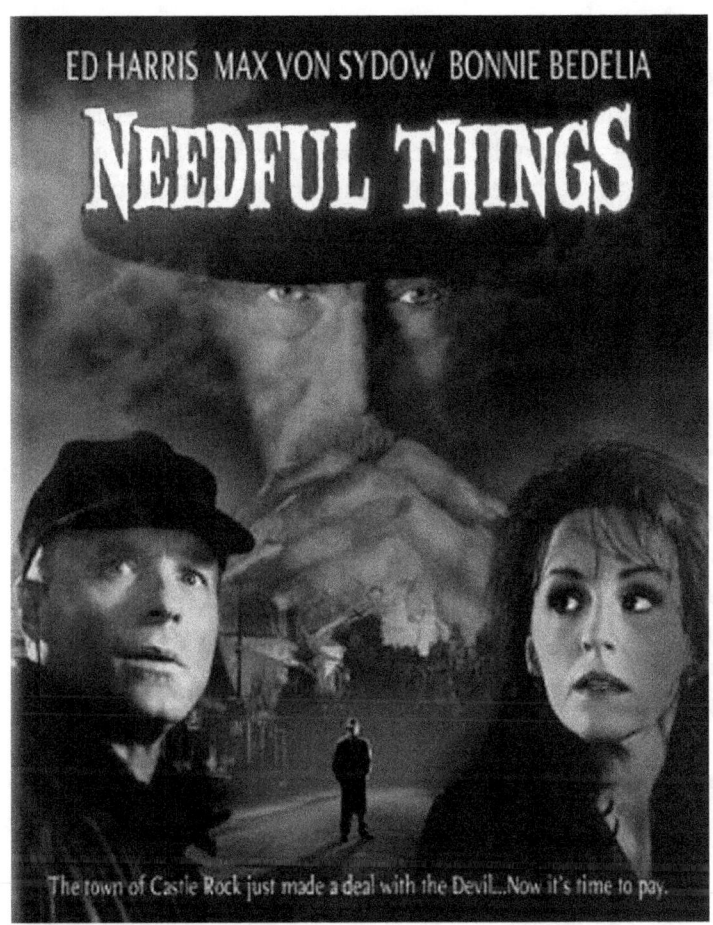

Productor: Jack Cummins
Director: Fraser C. Heston
Guión: W.D. Richter
Basada en la novela *Neeful Things*

Intérpretes:
MAX VON SYDOW: Leland Gaunt
ED HARRIS: Sheriff Alan Pangborn
BONNIE BEDELIA: Polly Chalmers
AMANDA PLUMMER: Nettie Cobb

Cuando un nuevo personaje se incorpora a un pequeño pueblo, nadie puede sospechar de quién se trata realmente. Pronto abre una tienda repleta de antigüedades y cosas extrañas, mostrándose muy amable con los clientes, aunque los acontecimientos posteriores son sangrientos. Todos cuantos acuden allí empiezan a sentir la necesidad imperiosa de dar rienda suelta a sus odios y una orgía de sangre trunca la paz de los habitantes. El mismísimo diablo está viviendo entre ellos.

Acertada película de terror que nos permitió ver de nuevo a un actor tan extraordinario como Von Sydow, perfectamente acompañado por Ed Harris. La película no alcanzó el éxito merecido, quizá por la mezcla de intriga, terror y comedia, dejándonos confusos sobre qué estábamos viendo. Aunque describe a los personajes del pueblo, no entra en detalles profundos de su personalidad, pero este defecto queda enmascarado por el buen trabajo de los actores. La escena con las dos mujeres que luchan para quedarse dentro de la habitación, mientras suena el Ave María suavemente, es sumamente inteligente.

CADENA PERPETUA
The Shawshank Redemption 1994
142 minutos

Director: Frank Darabon
Fotografía: Roger Deakins
Guión: Frank Darabont
Basada en la novela corta *Rita Hayworth and the Shawshank Redemption* (Rita Hayworth y la redención de Shawshank), recopilada en *Different Seasons*.

Intérpretes:
TIM ROBBINS: Andy
MORGAN FREEMAN: red
BOB GUNTON: Warden
WILLIAM SADLER: Heywood

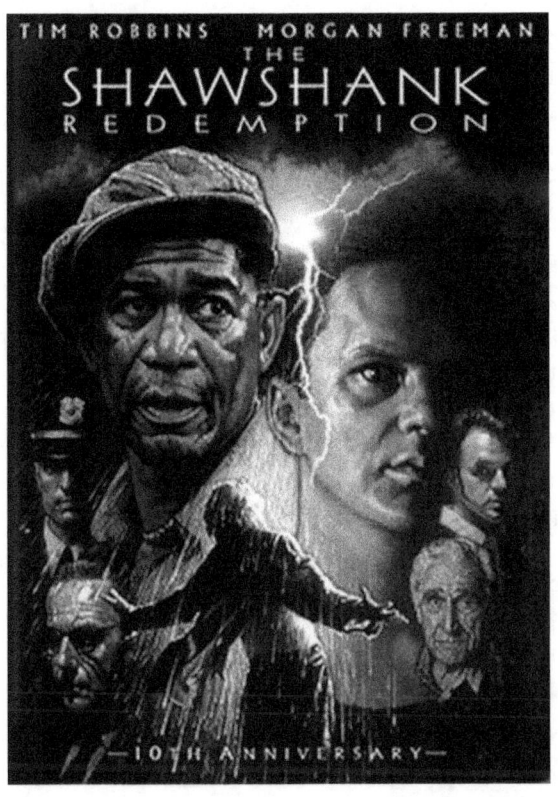

Tim Robbins interpreta a un banquero llamado Andy que es enviado a la Prisión de Shawshank acusado del asesinato de su mujer y el amante. Poco a poco se gana el respeto de los demás reclusos y la amistad de Red, que dirige el mercado negro de la prisión. Andy adquiere ciertos privilegios por resolver problemas fiscales a los guardias así como al Alcaide, para quien organiza una extensa red de corrupciones políticas. Cuando vemos su relación con Red, comprendemos que hay razones para creer que el crimen del banquero era justificable. Andy se entera por otro recluso de que el verdadero asesino de su mujer está encerrado en otro penal, por lo que pide que se reabra su caso. El Alcaide ordena entonces asesinar a este nuevo recluso para evitar la marcha de Andy y que salgan a la luz sus sucios negocios. A partir de ese momento Andy pierde todos sus privilegios, por lo que decide jugarse el todo por el todo y aprovecha los servicios que el Alcaide todavía requiere de él para recuperar su honor y su libertad.

Cuando este drama de una prisión se mostró en 1994, algunos críticos se quejaron que la película era demasiado larga (142 minutos) para sostener su historia. Esas quejas no son justas, pues el tiempo es crucial para esta historia que nos habla sobre paciencia, justicia, y el crecimiento de una amistad. Sólo cuando llegamos al final, es cuando podemos entender porqué el guionista y director Frank Darabont desplegaron cada escena a su ritmo necesario.

Nominada a siete Oscars, incluyendo Mejor Fotografía, Actor de Reparto, Montaje, Sonido, Banda Sonora y Guión.

ALIANZA MACABRA
The Mangler 1995
105 minutos

Director: Tobe Hooper
Guión: Tobe Hopper, Stephen David, Meter Welbeck
Basada en el cuento *The Mangler* (La trituradora), recopilado en *Night Shift*

Intérpretes:
ROBERT ENGLUND: Bill
TED LEVINE: John
DANIEL MATMOR: Mark

El infierno parece haber llegado a ese pequeño pueblo de New England. Todo empieza en The Blue Ribbon Laundry, un lugar dirigido por Bill Gartley, un viejo cruel y lisiado. No tiene la menor consideración con sus empleados, exigiéndoles obediencia absoluta y un trabajo duro y tenaz. Un día, una de las máquinas parece volverse loca y succiona a un pobre obrero. El resto de los trabajadores se asusta, pero esto no detiene al viejo Gartley, pidiéndoles que sigan trabajando. Una policía investiga el caso y empieza a sospechar que el siniestro dueño está ocultando algo. Parece ser que para que la empresa de Gartley tenga éxito, debe suministrar periódicamente a esa máquina demoníaca cuerpos humanos.
Hubo una secuela, "Alianza macabra 2," no basada en una obra de King, tan prescindible como ésta.

ECLIPSE TOTAL
Dolores Claiborne 1995
111 minutos

Director: Taylor Hackford
Fotografía: Gabriel Beristain
Guión: Tony Gilroy
Basada en la novela *Dolores Claiborne*

Intérpretes:
KATHY BATES: Dolores Claiborne

JENNIFER JASON LEIGH: Selena
DAVID STRATHAIRN: Joe
CHRISTOPHER PLUMIER: John

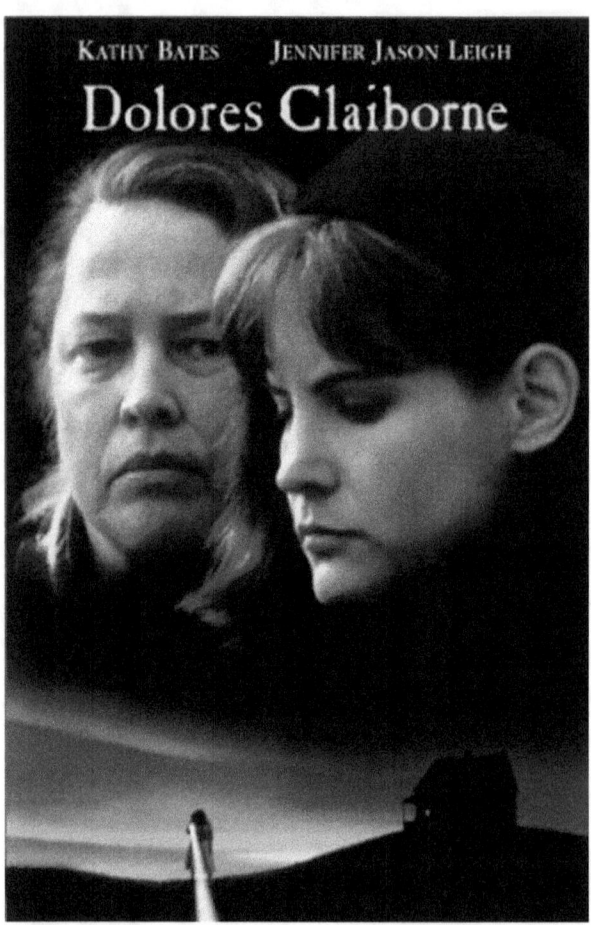

Los secretos oscuros, los tormentos familiares, y dos asesinatos alrededor de la figura estoica y endurecida de Dolores Claiborne (Kathy Bates), acusada de asesinar a su patrón de 22 años, constituyen el eje del filme. Hubo un accidente, durante el eclipse solar de 1975, donde murió el marido de Dolores (David Strathairn). Pero todo el sufrimiento que tiene Dolores, no es comparable al que tiene su hija (Jennifer Jason Leigh).

Aunque esta historia contiene terror, no es del tipo sobrenatural, sino del tormento sobre cómo las personas pueden sobrevivir al dolor. El guión está lleno de diálogos intensos, y el director Taylor Hackford teje con éxito los diferentes hilos presentes en la historia, y los dilemas psicológicos a lo largo de este cuento. Cuando el secreto bien guardado de la película se descubre finalmente, ocurre un eclipse solar que aporta un momento sensacional en la fotografía.

En resumen, una buena película producida por Castle Rock Entertainment, con escenas de transición entre el tiempo real y los flashbacks perfectos. El duelo interpretativo entre Jennifer Jason Leigh y Kath Bates, otro aliciente para verla.

THE REVELATIONS OF 'BECKA PAULSON
1995 TV
50 minutos

Director: Steven Weber
Guión: Brad Wright, extraído de *The outer limits*

Intérpretes:
CATHERINE O'HARA: Becka
JOHN DIEHL: Joe

El episodio cuenta con la estupenda interpretación de Catherine O'Hara como Becka Paulson, un ama de casa no demasiado brillante que vive en un remolque. Cuando se le dispara accidentalmente su escopeta y se hiere en la cabeza, debe sobrevivir con sus heridas, aunque comienzan a manifestarse ciertos efectos secundarios curiosos. La historia realmente cambia cuando Becka empieza a mantener relaciones con un atractivo varón que solamente existe como una imagen 8 x 10 albergada en un marco.
Las Revelaciones de Becka Paulson, fue publicada en el magazine Rolling Stone en agosto de 1984 y se transmitió por televisión el 6 de junio de 1995. Esta historia corta fue revisada posteriormente en 1997 y se agregó a *Los Tommyknockers*.

LOS LANGOLIERS
The Langoliers 1995
120 minutos

Basada en la novela: *Four Past Midnight*
Guión: Stephen King
Director: Tom Holland

Intérpretes:
PATRICIA WETTIG: Laurel
DEAN STOCKWELL: Bob
STEPHEN KING: Chairman
MARK LINDSAY: Nick

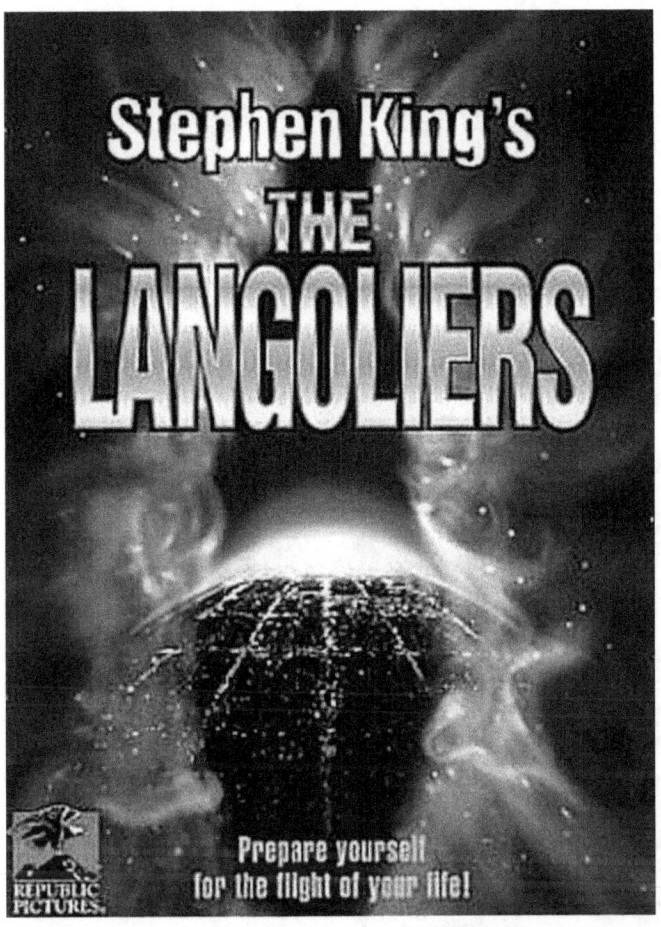

Adaptación para la televisión de una de las mejores novelas de Stephen King, que tuvo posteriormente una buena acogida en el mercado del vídeo. La historia nos habla de un vuelo nocturno desde Los Angeles a Boston, durante el cual diez de sus pasajeros se quedan dormidos nada más despegar. Eso les salva de morir a causa de un salto en el tiempo, pero cuando despiertan descubren que son los únicos pasajeros a bordo, no existiendo ni siquiera los pilotos. Afortunadamente uno de los supervivientes sabe pilotar el avión y pone rumbo a tierra, aunque lo que ven abajo no les gusta: no hay nadie, está todo desierto y han desaparecido las carreteras y los edificios. Por fin encuentran un aeropuerto, pero sus miedos y desdichas no acaban nada más que comenzar, pues los Langoliers, unos terribles monstruos que todo lo devoran, empiezan a comerse todo y ellos son las próximas víctimas.

Aquí Stephen King vuelve a hacer acto de presencia, y el propio director, Tom Holland también tiene un cameo. El papel principal se le ofreció a Christopher Reeve, pero lo rechazó para filmar "Superman IV".

LA RESURRECCIÓN DEL MAL
They Come Back
1996 TV

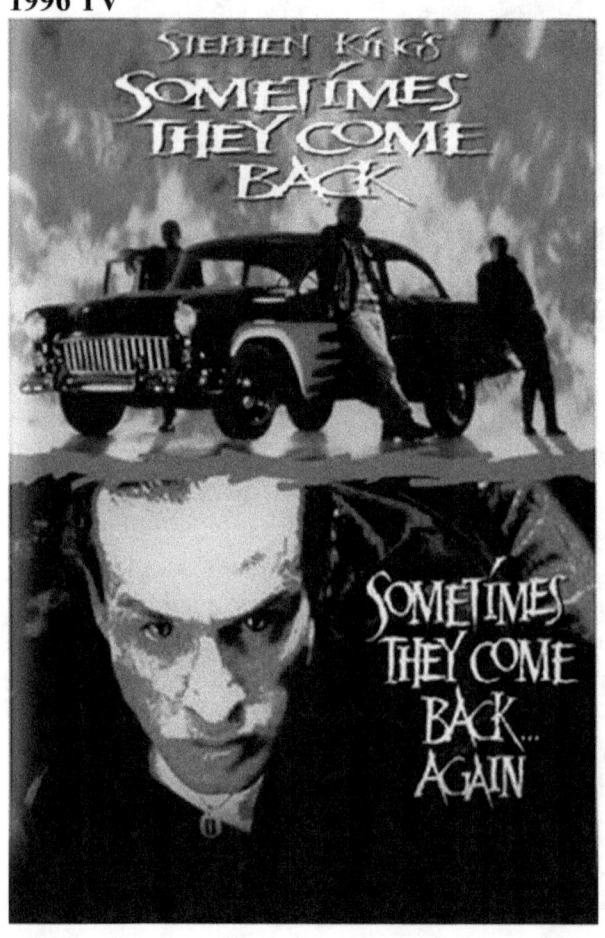

Director: Adam Grossman
Fotografía: Christopher Baffa
Guión: Guy Riedel, Adam Grossman, según una historia de Guy Riedel

Intérpretes:
MICHAEL GROSS: Jon
ALEXIS ARQUETTE: Tony
HILLARY SWANK: Michalle
JENNIFER ELISE COX: Jules

Esta secuela de *Sometimes they come back*, conserva cierta calidad y la esencia de la novela principal. Dirigida por Adam Grossman, un prestigioso productor musical dedicado al rock duro y heavy, consiguió realizar esta secuela a pesar de que King inicialmente no era partidario de segundas partes.
Grabada directamente para la televisión, nos muestra escenas retrospectivas para proporcionarnos la información contenida en la primera parte, entre ellas las relacionadas con Tony (Alexis Arquette) y el sacerdote misterioso interpretado por William Morgan Sheppard. La historia es similar a la primera película, con Jon (Michael Gross) volviendo a su ciudad natal con su hija, donde les esperan tres demonios de su pasado. Con estos elementos debería haberse realizado una buena película, pero hay más humor que terror y los personajes no están bien definidos. Aun así, si les gustó la primera parte quizá no se sientan defraudados.

MALEFICIO
Thinner 1996
92 minutos

Director: Tom Holland
Guión: Michael McDowell, Tom Holland
Basada en la novela *Maleficio*

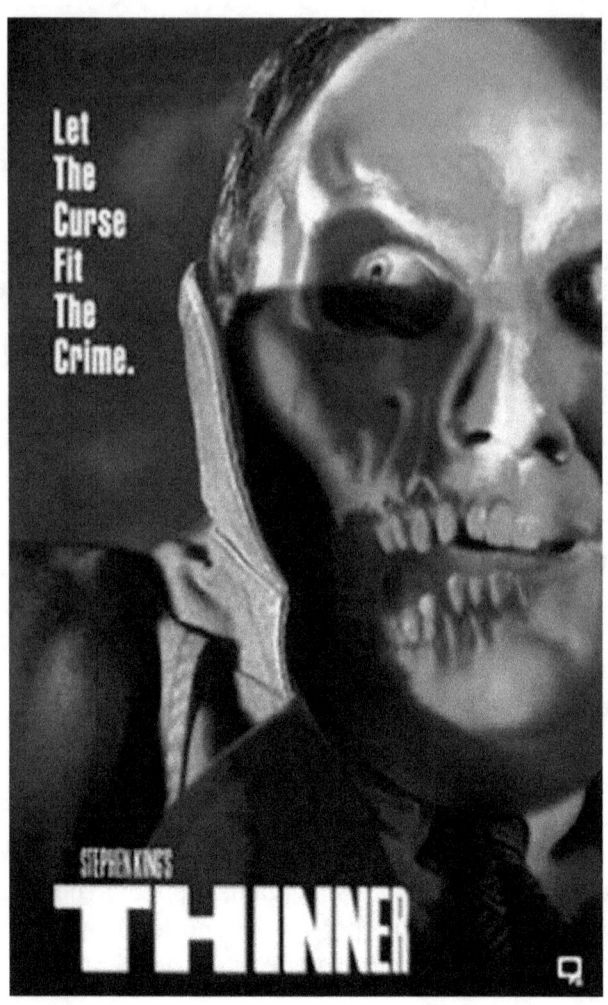

Intérpretes:
ROBERT JOHN BURKE: Billy
JOE MANTENGA: Richie
LICINDA JENNEY: Heidi
STEPHEN KING: Dr. Bangor

La novela de King alcanzó bastante popularidad, bastante más que la película. Se trata de la quinta novela publicada bajo el seudónimo de Richard Bachman, pero es obvio que si se tratase de una buena novela no la hubiera publicado bajo un seudónimo. Con estos antecedentes, el filme no tenía muchas oportunidades. El problema principal con esta historia es que hay pocos ingredientes y ninguno de los personajes parece tener el suficiente interés, salvo esa hija joven, con la cual la historia gana complejidad.

SIN ESCAPE
Trucks 1997 TV
90 minutos

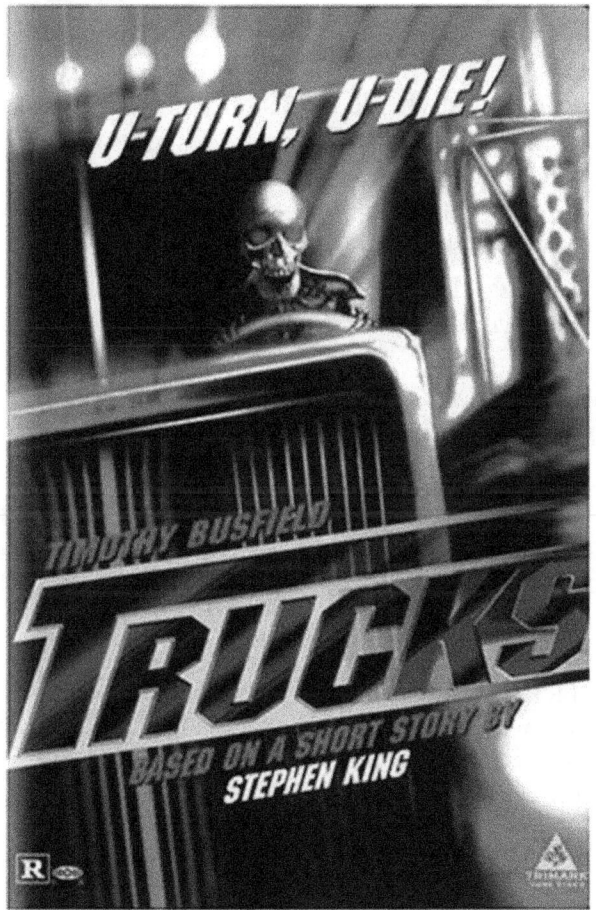

Director: Chris Thomson
Guión: Brian Taggert

Basada en el cuento *Trucks*, recopilado en *Night Shift*

Intérpretes:
SHARON BAJER: June
BRENDA BAKKE: Hope
TIMOTHY BUSFIELD: Ray

Nueva versión de la ya conocida *Maximun Overdrive* dirigida por King, que está basada en el cuento *Trucks*, con resultados incluso peores.

La presencia de Timothy Busfield (Campo de sueños) siempre es de agradecer, pues suele subir de nivel incluso a los personajes mediocres. El filme vuelve a mostrar a esos grandes camiones asesinos, siempre en busca de inocentes personas a quienes atropellar. No intente averiguar la causa para ese comportamiento, ni quién les dotó de alma, pues eso sería exigir mucho al guionista e incluso a King. Contada casi como si fuera un documental, la torpeza del guión consigue hacer parecer igualmente torpes a la mayoría de los actores.

EL RESPLANDOR
The Shinning 1997 TV
289 minutos

Director: Mick Garras
Guión: Stephen King

Intérpretes:
STEVEN WEBER: Jack
REBECCA DE MORNAY: Wendy
MELVIN VAN PEBBLES: Dick
ELLIOT GOULD: Stuart
STEPHEN KING: Band leader

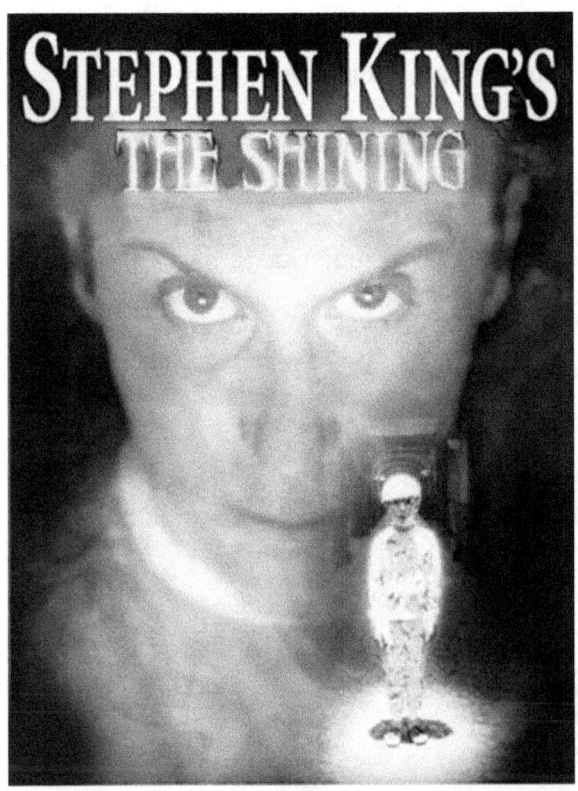

Todos sabemos que King no quedó contento con la obra de Stanley Kubrick, pero nosotros tampoco hemos quedados contentos con esta nueva versión. Stephen Weber tampoco nos parece más acertado que Nicholson, lo que es decir mucho, y eso que recibió el premio Saturn al mejor actor. No acaba de mostrarnos el supuesto drama emotivo que bulle en su mente, y el propio Weber reconoció que nunca llegó a entender su personaje. Tampoco los escenarios elegidos nos producen el adecuado terror, y la mayoría del tiempo nadie sabe porqué los protagonistas dicen lo que escuchamos. Podemos afirmar que la película de Kubrick era bastante más realista.

Después de 289 minutos de proyección y muchas escenas redundantes, el resultado debía haber sido muy bueno, pero indudablemente no ha sido así y ni siquiera existe el terror que esperábamos. Es como si hubieran querido hacer algo totalmente diferente, sin aprovechar los logros anteriores.

King vuelve a tener una corta aparición haciendo de director de orquesta, así como Sam Raimi, a quien vemos en la gasolinera, y Frank Darabont y Preston Sturges que salen en una fiesta de los años 20. La propia Cynthia Garris, esposa de Mike, nos muestra su cuerpo desnudo como la mujer de la habitación 217, detalle que agradecemos.

QUICKSILVER HIGHWAY
1997 TV
87 minutos

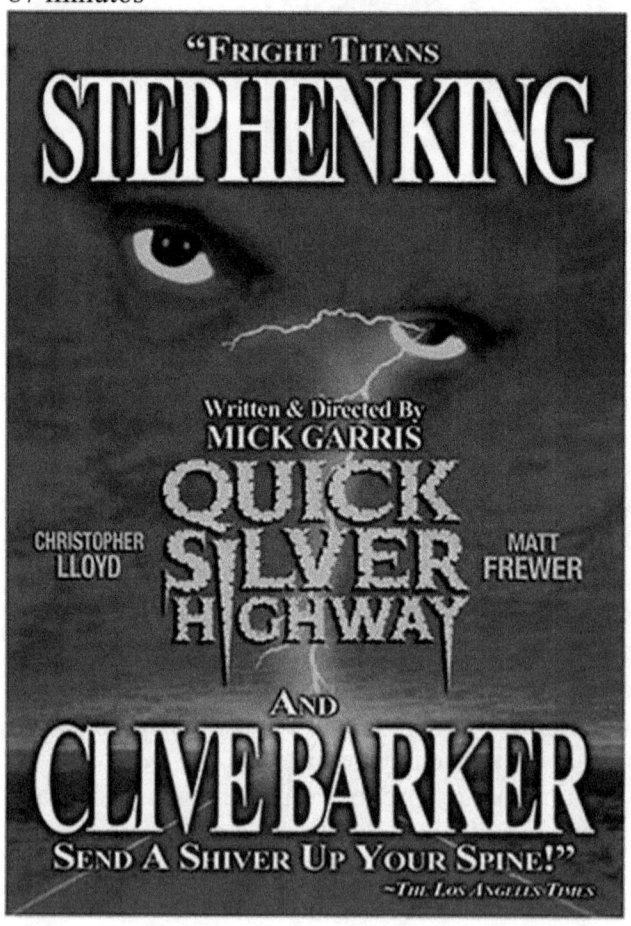

Director: Mick Garris
Guión: Clive Barker
Basada en el cuento *Chattery Teeth* (La Boca Saltarina), recopilado en *Nightmares & Dreamscapes* (Pesadillas y Alucinaciones), más otro guión basado en un relato de Clive Barker: "The Body Politics".

Intérpretes:
CHRISTOPHER LLOYD: Aaron Quicksilver
MATT FREWER: Charles George
RAPHAEL SBARGE: Bill Hogan

La película comienza en una solitaria carretera del desierto, donde vemos a una pareja de recién casados tirados en el arcén a causa del pinchazo inoportuno de una rueda. No tienen repuesto y al recién estrenado marido solamente se le ocurre que debe dejar a su esposa embarazada en el automóvil y salir en busca de ayuda. El camino escogido no es en la misma dirección en que vinieron (solución más lógica, porque al menos saben lo que dejaron atrás), pero en las películas las personas suelen hacer tonterías para que el espectador se considere más inteligente. La mujer espera nerviosamente, aunque pronto aparece el salvador a bordo de un Rolls Royce profundamente decorado en su interior. Él dice llamarse Aaron Quicksilver (Lloyd), y como la chica es guapa se ofrece para protegerla mientras esperan el regreso de su marido. Pronto le cuenta que es un viajero y un coleccionista de historias interesantes, relatando una historia sobre un viajante de comercio, un autostopista siniestro, y un par de asesinos. Después enlaza con otro, el de un cirujano cosmético de gran éxito, lo que nos lleva a creer que estamos asistiendo a Las Mil y una Noches.

INFIERNO BLANCO
Sometimes they come back for more 1998
89 minutos

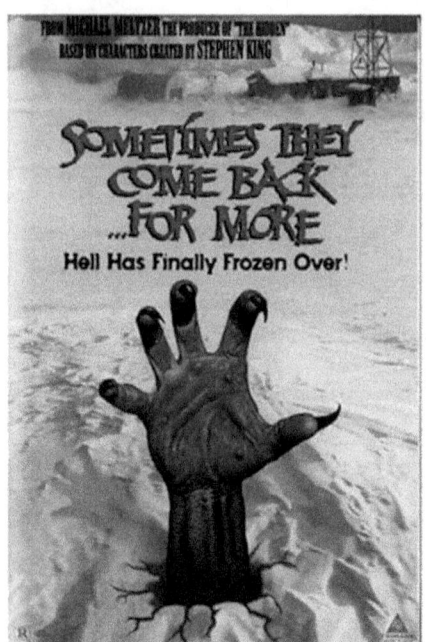

Director: Daniel Zelik Berk
Guión: Adam grossman, Darryl Sollerh
Basada en los personajes creados por: Stephen King

Intérpretes:
CLAYTON ROHNER: Sam Cage
FAITH FORD: Jennifer Wells
MAX PERLICH: Brian Shebanski

Nos asombra lo que puede hacerse con una película de bajo presupuesto. No importa si los actores no saben actuar o que se coja a un fontanero para dirigirla; lo importante es no pasarse del presupuesto. Hay muchos directores, entre ellos el de este filme, que suelen acusar de sus fracasos a la falta de medios económicos, pero dudamos que la inteligencia tenga mucho que ver con el dinero. Todos hemos visto malas películas, pero raramente una que combine tan eficazmente un mal guión, producción deficiente, y mala dirección, todo al mismo tiempo. Su proyección en televisión se retrasó, lo que no nos extraña.

VERANO DE CORRUPCIÓN
Apt Pupil 1998
111 minutos

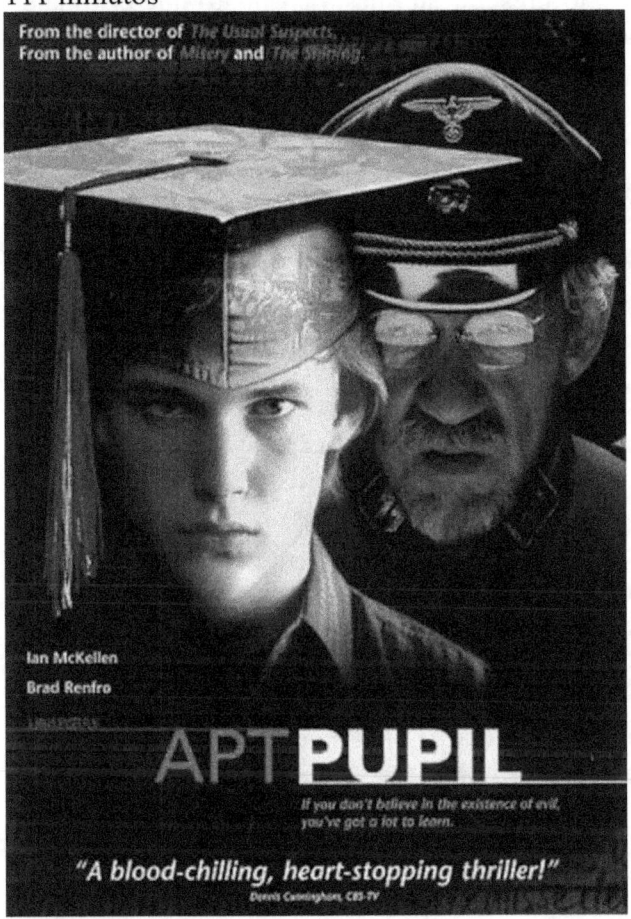

Director: Bryan Singer
Fotografía: Newton Thomas Sigel
Guión: Brandon Boyce
Basada en la novela corta *Apt Pupil* (Alumno Aventajado), recopilada en *Different Seasons*

Intérpretes:
IAN MCKELLEN: Kurt
BRAD RENFRO: Todd

JOE MORTON: Dan

Otra película de bajo presupuesto, hasta tal punto que el rodaje se detuvo cuando estaba concluida en sus 3/4 partes. Cuando se reanudó, los derechos cedidos por King habían concluido, por lo que Bryan Singer contrató a un nuevo guionista para que completase lo ya filmado. La película se estrenó por fin el 17 de octubre en el festival de cine de Sitges en V.O. y el 13 de noviembre en las salas en versión doblada.

La historia nos relata la vida de un chico de clase acomodada, buen deportista, y el mejor estudiante del colegio. Apasionado por la Segunda Guerra Mundial, su profundo conocimiento le lleva a reconocer a un anciano vecino como uno de los militares nazis. Afortunadamente no quiere denunciarle, sino simplemente que le cuente detalles de la contienda, especialmente lo que no cuentan los libros de historia. Con el paso de los días, la truculencia de los hechos le provoca pesadillas, su rendimiento escolar baja, se aleja de sus amigos, y su carácter se vuelve neurótico.

La historia sigue con bastante fidelidad la novela original, salvo el final, pero esto es inevitable. Lo cierto es que Bryan Singer ha conseguido una buena película, quizá lenta, pero con el suficiente dinamismo para que la historia de esos dos personajes no se convierta en tediosa.

THE NIGHT FLIER
1999
111 minutos

Director: Mark Pavia
Fotografía: David Connell
Guión: Jack O'Donnell

Intérpretes:
JULIE ENTWISLE: Catherine Blair
MIGUEL FERRER: Richard Dees

DAN MONAHAN: Merton Morrison

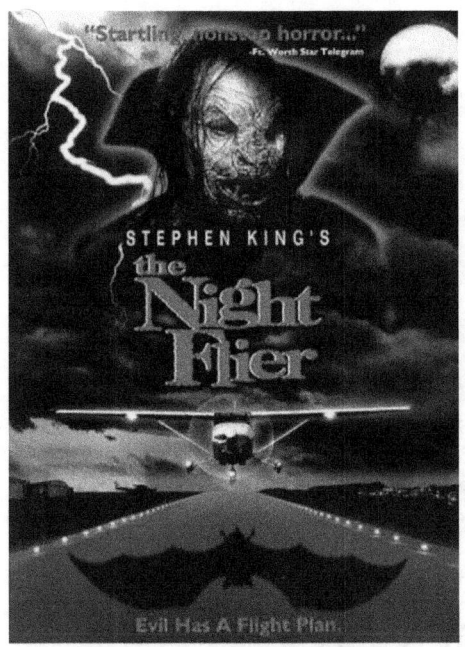

Basada en la novela *El Piloto Nocturno*, aunque no ha conseguido llegar a las pantallas comerciales europeas, parece ser bastante fiel al relato original.

Un desconocido piloto de Cessna es el sospechoso de varios asesinatos nocturnos acaecidos en remotos campos de aviación. El periodista Richard Dees (Miguel Ferrer) muestra interés por estos acontecimientos y junto con Katherine Blair (Julie Entwisle) proponen investigar al editor Merton Morrison (Dan Monahan). Mientras investigan hay otro asesinato, lo que les lleva hasta el piloto de un avión privado, una especie de vampiro nada recomendable para una amigable charla.

Stephen King hizo campaña apoyando el trabajo del director Mark Pavia y el guionista Jack O'Donnell, alegando que habían sido propuestos después de su trabajo en "Drag", filme que King definió como *"La mejor película de horror corta que he visto en 20 años."*

LA TORMENTA DEL SIGLO
Storm of the Century 1999 TV
248 minutos

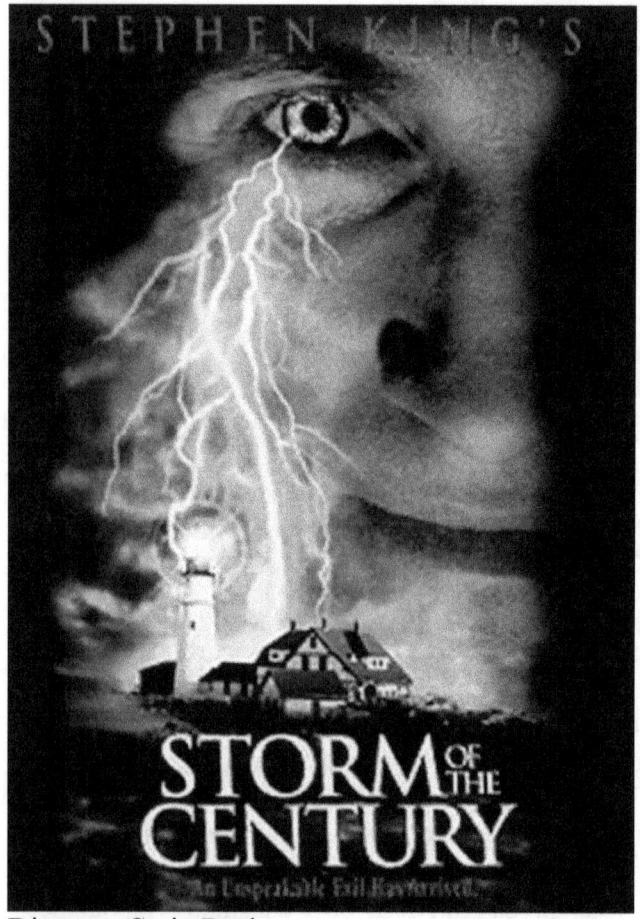

Director: Craig Basley
Guión: Stephen King

Intérpretes:
TIM DALY: Mike
COLM FEORE: Andre
DEBRAH FARENTINO: Molly
STEPHEN KING: Lawyer TV

La mini-serie de TV para la ABC, está basada en un Pocket Books original de Stephen King publicado en febrero de 1999, 13 días antes de que se mostrara en TV la primera parte.

La historia se desarrolla en Little Tall Island, un pueblo pequeño de la costa de Maine. Los ciudadanos están preparándose para lo que se espera sea la peor tormenta de nieve en 100 años, momento en que llega un extraño llamado André Linoge (Colm Feore) con una orden simple: "Denme lo que quiero y me marcharé". André es, de hecho, emisario de Satanás, y lo que quiere es uno de los niños de Little Tall Island para afianzar su poderío en la Tierra. Ahora su inmortalidad está en peligro y necesita encontrar un humano para que continúe su labor. André sabe todos los secretos de los habitantes del pueblo y si no atienden sus peticiones les hará pasar un infierno, además de destruir la ciudad. Sólo una persona en el pueblo tiene fuerza para oponerse al demonio: el alguacil Mike Anderson (Tim Daly). Durante la tormenta de nieve se comete el primer asesinato, en esta ocasión una anciana. André es encarcelado, pero sigue habiendo extraños asesinatos, mientras el pueblo va quedando sepultado por la nieve.

LA MILLA VERDE
The Green Mile 1999
187 minutos

Director: Frank Darabon
Música:Thomas Newman
Guión: Frank Darabon

Intérpretes:
TOM HANKS: Paul
MICHAEL DUNCAN: John
BONNIE HUNT: Jan
MICHAEL CLARKE DUNCAN: Coffey

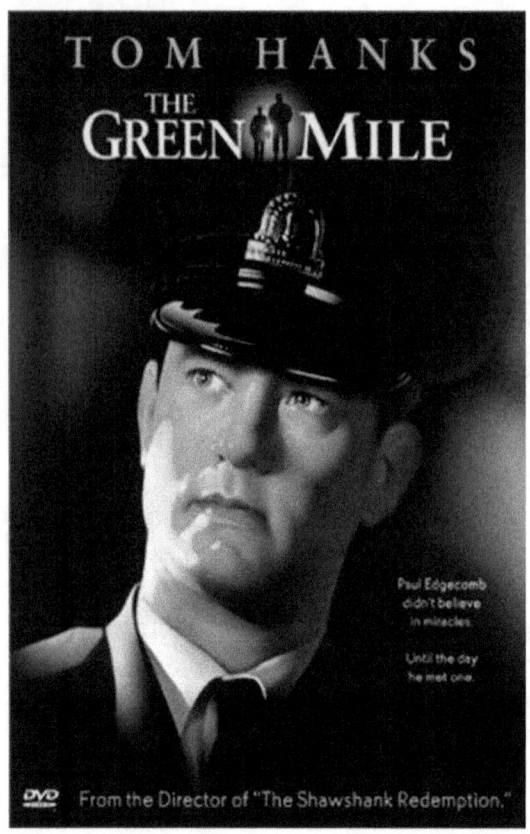

Nos llevan ahora a un ambiente triste, inquietante y sucio, concretamente a la penitenciaría de Cold Mountain, en el año 1935, en donde los condenados a muerte saben que deberán atravesar, tarde o temprano, ese recorrido que les llevará hasta la ejecución de la sentencia mortal. La llegada de un nuevo recluso, acusado de violación y muerte de unas niñas, y dotado de poderes de curación, revolucionará a todos.

Michael Clarke Duncan realiza una estupenda interpretación como Coffey, con su aspecto intimidante por su gran estatura y los músculos tensos. Cuando habla hay sin embargo una gran calma, voz clara, y escuchamos con atención cada palabra. Es su quietud lo que le hace un héroe.

Hay varios detalles que hay que mencionar sobre esta película: *La Milla Verde* no es un filme para todos los públicos, pues los interiores de esa prisión pueden desagradar a muchos. Segundo, al estar basada en una historia de King el público espera terror, y no lo hay. Además, sus trabajos para el cine no tienen buena reputación. También es muy larga.

Aun con todo, la película es muy buena, lo mismo que la adaptación de la novela. Hanks está correcto, aunque en esta ocasión la propia historia le quita protagonismo. Viendo la película, nos damos cuenta que Hollywood todavía es capaz de fabricar adaptaciones excepcionales de una novela si cuenta con el guionista y director apropiados.

Fue nominada a 4 Oscars y nos parece una de las mejores adaptaciones a una obra de King, pero lamentablemente no consiguió ningún premio, quizá por la extraordinaria categoría de las otras películas nominadas. Frank Darabont, quien se ha confesado admirador y profundo conocedor de King, efectúa un acertado guión, algo que ya había hecho anteriormente con *Cadena Perpetua*.

PARANOID
Stephen King's Paranoid 2000
8 minutos

Director: Jay Holben
Guión: Jay Holben

Intérpretes:
TONYA IVEY
MARK REYNOLDS
PATRICK GEALOGO

Este video, basado en el relato *Paranoia*, fue presentado el día 8 de julio de 2001, en el Hollywood Shorts screening, aunque su origen está en 1985 con el título "Paranoid: A Chant", en la colección Skeleton Crew, publicada por Scream Press.

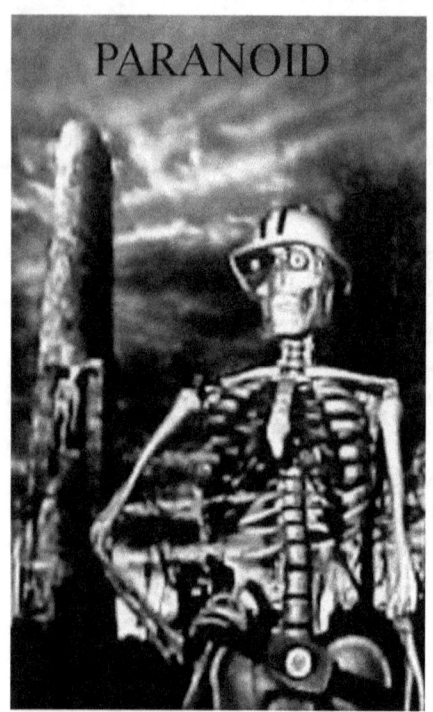

Comienza mostrándonos un cuarto de un motel ruinoso que se encuentra en una ciudad anónima, el último refugio de una mujer con problemas mentales. Con cierta meticulosidad, ella nos describe cuidadosamente su existencia de pesadilla, con camareras reemplazando la sal por arsénico y señoras viejas electrocutadas. Desearía escapar, pero sabe que hay un hombre detrás de la puerta que la vigila y escucha.

Fue filmada en un solo día y tres más para el montaje, en blanco y negro, aunque se le añadió posteriormente un color amarillo para acentuar la locura de la protagonista.

STRAWBERRY SPRING
2001
8 minutos

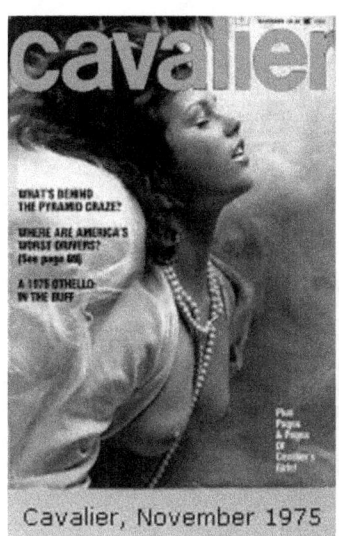
Cavalier, November 1975

Director: Doveed Linder
Guión: Doveed Linder, Stephen King

Intérpretes:
JEREMIAH ALLEY: Estudiante
ROSEMARY GARRIS: Profesor
ADAM HACKBARTH: Policía

Este Dollar Baby titulado *Strawberry Spring,* es la adaptación de una de sus primeras novelas. Apareció en otoño de 1968 en Ubris, una revista literaria de la Universidad de Maine, Orono. Al público general llegó en 1975 en la revista Cavalier.

El director Doveed Linder recibió su educación en St. Louis Community College de Meramec, y después de hacer varios cortos, dirigió el western, "Defince", así como dos adaptaciones cortas, *Strawberry Spring* y "The Tell-Tale Heart" de Edgar Allan Poe.

Este corto describe una rara y mágica historia, desarrollada durante un invierno terrible con la sombra de muerte en el ambiente. Cuando son hallados unos cadáveres en el campus, todos los estudiantes se asustan, salvo uno que realmente está encantado con los acontecimientos.

Strawberry Spring fue presentada en el St. Louis Local Filmmaker Festival el 29 de julio de 2001.

CORAZONES EN LA ATLÁNTIDA
Hearts in Atlantis 2001
101 minutos

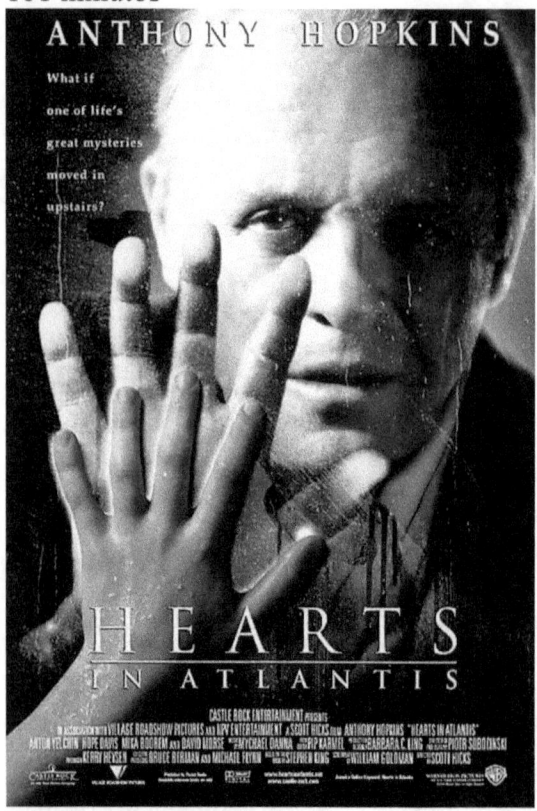

Director: Scott Hicks
Fotografía: Piotr Sobocinski
Guión: William Goldman

Intérpretes:
ANTHONY HOPKINS: Ted Brautigan
ANTON YELCHIN: Bobby Garfield
MIKA BOOREM: Carol
HOPE DAVIS: Liz

La película está basada en dos novelas de King, *Low Men In Yellow Coats* y *Heavenly Shades Of Night Are Falling,* de la colección *Hearts In Atlantis,* habiéndose publicado primero por Scribner en septiembre de 1999.

Hearts in Atlantis es otro esfuerzo de King para ganar prestigio como escritor; pero a diferencia de otros relatos similares, no ofrece ahora una historia nostálgica, ni nada que recuerde a su niñez, ni mucho menos el misticismo espiritual de *La milla verde.* El resultado es una buena producción, sumamente inspirada, que plantea numerosas preguntas al espectador, aunque poco a poco vemos que la intriga inicial se diluye y con ello nuestro interés. Con todo, *Corazones en la Atlántida* es una buena película.

Ted es un misterioso huésped lleno de extrañas facultades mentales, y pide a Bobby que le ayude a evitar un gran peligro que le está acechando y escapar de aquellos que ansían controlar su mente. "Vigila a los que me persiguen" -insiste-, una advertencia que su amigo Bobby Garfield no parece tener en cuenta, aunque antes de que acabe el verano lo lamentará.

Anthony Hopkins representa al culto protagonista, dotado de una sabiduría lograda con los años y la reflexión, quizá con la intención de ganar un Oscar por ello. Sin embargo, siempre manifestó que no le gustaba el filme, incluso cuando lo estaba rodando, y eso se percibe perfectamente.

LA MANSIÓN DE RED ROSE
Stephen King´s Rose Red 2002 TV
254 minutos

Productores: Robert F. Phillips, Thomas H. Brodek
Productor ejecutivo: Stephen King
Guión: Stephen King
Director: Craig R. Baxley

Intérpretes:
NANCY TRAVIS: Joyce Reardon

MATT KEESLAR: Steven Rimbauer
KIMBERLY J. BROWN: Annie Wheaton
MELANIE LYNSKEY: "Sister" Wheaton
STEPHEN KING: Hombre Pizza

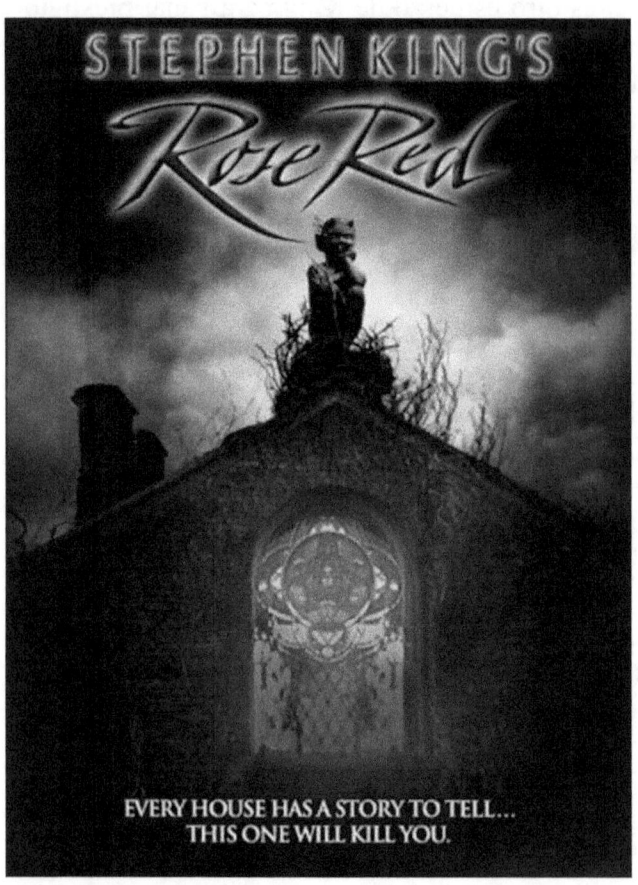

Miniserie escrita para la televisión, en un principio pensada como una colaboración entre Stephen King y Steven Spielberg. Salió a antena en la cadena ABC en enero de 2002, y nos relata la historia de Rose Red, una casa encantada construida en 1907 por un magnate del petróleo de Seattle. Allí vive una profesora de psicología y sus colaboradores, además de una superdotada chica de 15 años (autista), intentando entre todos desatar el poder siniestro de la casa y sacar a la luz los horribles secretos de las generaciones que vivieron y murieron aquí. La casona fue construida a principios de siglo y tiene en su historia decenas de muertes y desapariciones, buena parte de las cuales incluía miembros de la familia propietaria. Ahora la casa está vacía, sin manifestaciones fantasmales, pero Reardon cree que puede ser su oportunidad de despertarla, demostrar que la parapsicología es una ciencia, y así ganar prestigio académico.

Con unos efectos especiales loables y un pequeño cameo de King como el repartidor de pizzas, el filme alcanzó cierta truculencia por la muerte de uno de los actores, David Dukes, quien murió de un infarto en su casa, el día antes de tener que morir en escena.

RAINY SEASON
2002
15 minutos

Director: Nick Wauters
Guión: Stephen King, Nick Wauters

Intérpretes:
BENJAMIN ROUSE: John Graham
TAWNA HUTCHINSON: Lisa Graham
OTO BREZINA: Henry Eden

John y Lisa Graham planean pasar su verano en Willow, un pequeño pueblo en medio de ninguna parte, donde alquilaron una casa. Después de perderse durante varias horas, finalmente encuentran el pueblo, casi abandonado. Algunos locales les dan una advertencia: Dejen Willow durante la noche... y eviten Rainy Season. John y Lisa deciden ignorar lo que ellos piensan es simplemente una travesura, pero rápidamente averiguan que se han vuelto peones a su pesar de un ritual mortal.

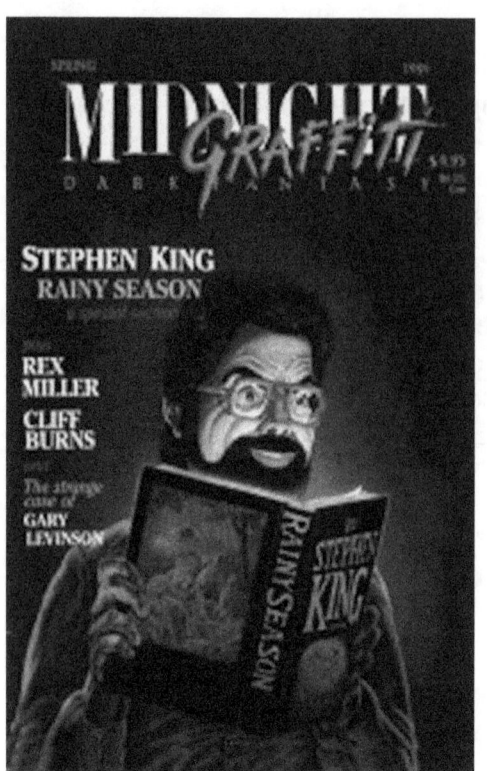

Basada en una historia corta de Stephen King que primero apareció en la primavera de 1989 en la revista Midnight Graffiti, es un raro tributo a las películas de horror clásicas de los años cincuenta, ahora en manos del escritor y guionista Nick Wauters.

Wauters se enamoró inmediatamente de la historia cuando la leyó. Después de escribir guiones y revisar programas de televisión, Wauters escogió *Rainy Season* para su debut como director. Gracias a un equipo de amigos experimentados y un pequeño presupuesto ahorrado durante los últimos años, Wauters se pasó 3 días rodando en el Paramount Ranch de Santa Mónica, situado en las montañas, durante abril de 2002.

EL CAZADOR DE SUEÑOS
Dreamcatcher 2003
131 minutos

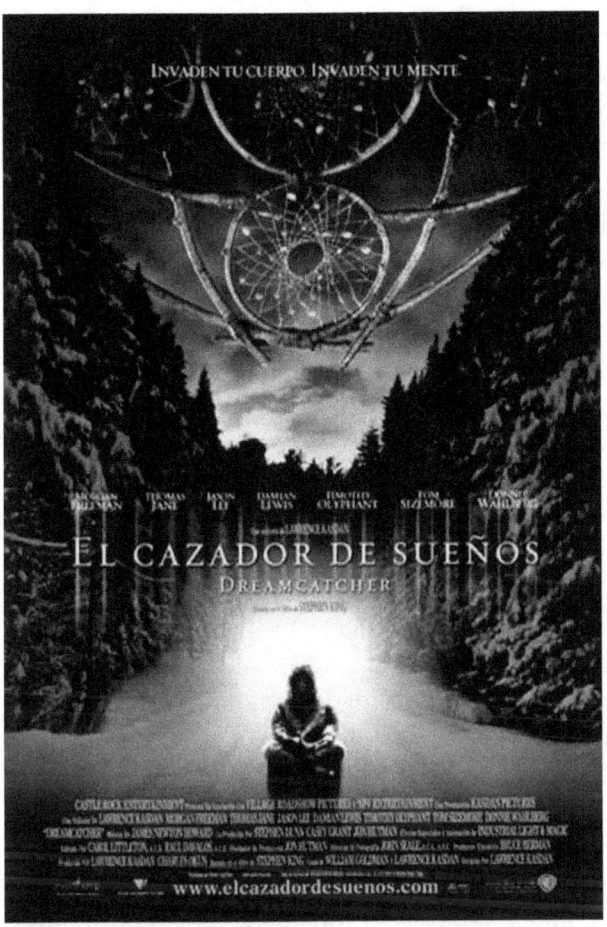

Director: Lawrence Kasdan
Guión: William Goldman, Lawrence Kasdan
Efectos especiales: IL&M
Basada en una novela de: Stephen King

Intérpretes:
MORGAN FREEMAN: Coronel
THOMAS JANE: Dr. Henry
JASON LEE: Beav
DAMIAN LEWIS: Jonesy

143

Dirigida por Lawrence Kasdan, a quien recordamos por "Fuego en el cuerpo", nos recrea esta historia que resulta un cruce entre "La invasión de los ladrones de cuerpos" y "Reencuentro", pero ahora con evidente muestra del más puro cine gore. Los protagonistas son una pandilla de treintañeros que comparten ciertos poderes paranormales. Ellos son Jonesy, Henry, Pete y Beaver, quienes hace veinte años, en una pequeña localidad de Maine, encontraron el valor para salvar a un extraño muchacho llamado Duddits. Este niño les transmitió extraños poderes, uniéndolos más allá de una amistad normal. Ahora los cuatro son adultos con vidas separadas y problemas diferentes, obsesionados por el recuerdo de su heroísmo y con unos poderes que son más una carga que un don. Pero cuando se reúnen para su visita anual en una cabaña de caza de los bosques del norte, se ven sorprendidos por la constante proximidad del peligro. Primero aparece un cazador perdido que ignora la terrible enfermedad que porta, luego una violenta tormenta arrasadora y por último, una fuerza extraterrestre destructora que obligará a los cuatro amigos a recurrir a su olvidada fortaleza y enfrentarse a un horror sin precedentes.

La bien construida historia de King comienza ya desde los primeros minutos, cuando la personalidad de los personajes se refleja como una cara en el agua. Pronto y sin que parezca existir una relación, nos llevan a una historia de terror en la cual los malvados son –nuevamente- los alienígenas, decididos una vez más a establecerse para siempre en nuestro planeta. La historia comienza entonces una escalada de intriga, horror y sangre que envuelve ya al espectador, quien no se ve libre de ello hasta justo al final cuando, por fin, el desenlace es como deseamos todos: los extraterrestres aniquilados. Vaya, otra vez les he contado el final sin darme cuenta.

AUTOPSIA EN LA HABITACIÓN CUATRO
Autopsy Room Tour 2003
23 minutos

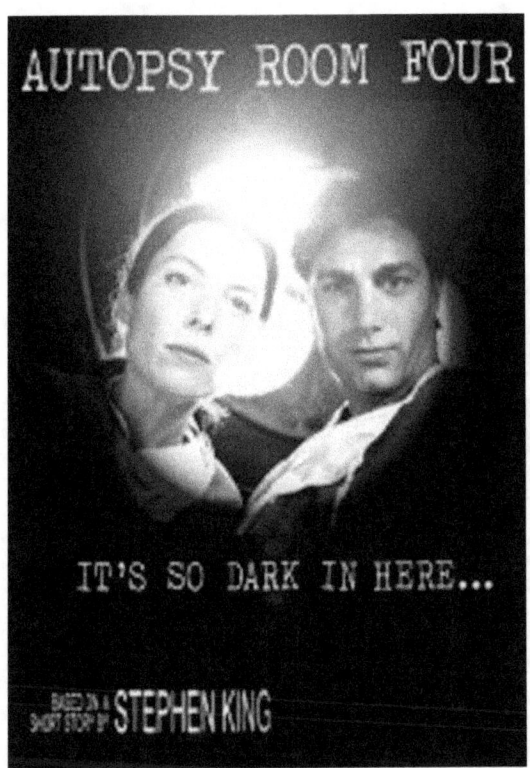

Director: Stephen Zakman
Guión: Stephen King, Stephen Zakman

Intérpretes:
STEPHEN FURST: Howard Randall Cottrell
TORRI HIGGINSON: Dr. Katie Arlen
MICHAEL BERGIN: Peter

El Dollar Baby *Autopsy Room Four* está basado en la historia corta de King publicada en Six Stories (1997, un libro en rústica de edición limitada publicado por Philtrum Press) y Robert Bloch's Psychos (1997, edición limitada publicada por Cemetery Dance). La historia describe a un hombre que sólo necesita un pequeño descanso en su trabajo para jugar al golf. Sin embargo, cuando es mordido por una rara serpiente, su vida efectúa un giro definitivamente para peor.

145

Esta historia fue presentada en el Rhode Island Film Festival el 5 de agosto de 2003.

EL DIARIO DE ELLEN RIMBAUER
The Diary of Ellen Rimbauer 2003 TV
95 minutos

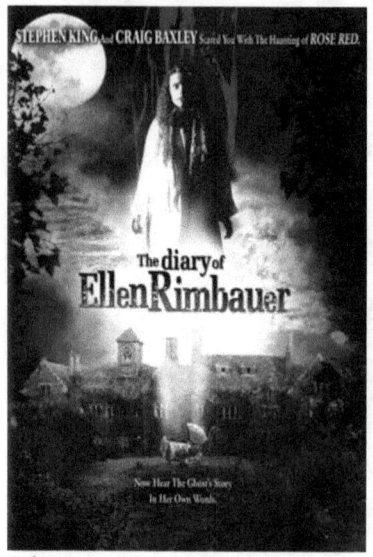

Director: Creig R. Baxler
Guión: Stephen King, Ridley Pearson

Intérpretes:
LISA BRENNER: Ellen Rimbauher
STEVEN BRAND: John Rimbauher
KATE BURTON: Connie

El Diario de Ellen Rimbauer es una precuela de la serie de televisión *Rose Red*, básicamente para explicar los eventos sobrenaturales no aclarados anteriormente. Esta es una historia espeluznante, de nuevo con esa mansión majestuosa llamada Rose Red, un lugar siniestro construido en Seattle por el magnate John Brand (Steven Brand), como un regalo de boda para su joven y tímida novia Ellen (Lisa Brenner). Al principio ella está impresionada por la extravagancia de su marido, pero posteriormente le tiene miedo, sobre todo cuando descubre ciertos hechos sobre su pasado. Entretanto, la mansión parece estar habitada por fantasmas, posiblemente de aquéllos que han muerto a causa de John Brand y que se dieron por desaparecidos. Todas las señales y manifestaciones etéreas parecen advertir a Ellen que la próxima en desaparecer puede ser ella.

El Diario de Ellen Rimbauer salió el 12 de mayo de 2003, en ABC.

KINGDON HOSPITAL
2004 serie TV
95 minutos

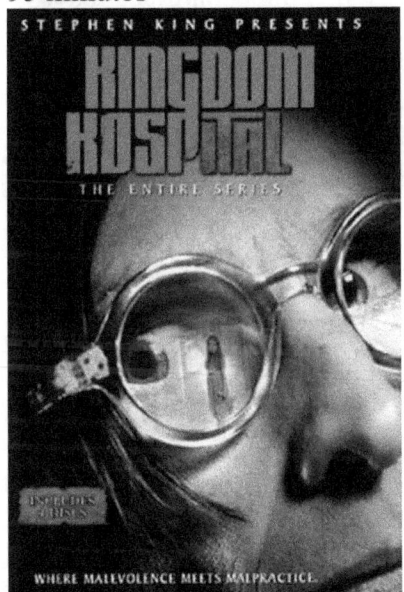

Director: Craig R. Baxler
Guión: Richard Dooling, Stephen King

Intérpretes:
ANDREW MCCARTHY: Dr. Hook
BRUCE DAVINSON: Dr. Stegman

DIANE LADD: Sally Druse

Usando la miniserie Riget como punto de inspiración, Stephen King da a esta historia un peculiar toque americano. Kingdom es un hospital cuya extraña población incluye a un cirujano inteligente que vive en el sótano, un guardia de seguridad casi ciego y una enfermera que habitualmente se desmaya a la vista de sangre. Pero cuando los pacientes y los sanitarios oyen la voz de una muchacha que llora a través de los vestíbulos y a un paciente parapléjico incurable que se recupera, todos intentan buscar una explicación alejada de cualquier misticismo o poder sobrenatural. Andrew McCarthy interpreta al Dr. Hook, el cirujano que vive en el sótano del hospital, mientras que la nominada al Oscar Diane Ladd es una hipocondríaca cuyas habilidades psíquicas la llevan al hospital.

Esta miniserie de TV hubo de modificarse para lograr mantener el adecuado interés en el espectador y conseguir ganar su favor. La obra *The Journals Of Eleanor Druse* fue publicada por Hyperion en enero de 2004. Aunque figura Eleanor Druse como su autora (en realidad Richard Dooling), algunos capítulos fueron escritos por King.

LA VENTANA SECRETA
Secret Windows 2003
106 minutos

Director: David Keepp
Guión: David Koepp

Intérpretes:
JOHNNY DEPP: Mort Rainey
MARÍA BELLO: Amy Dowd Rainey
JOHN TURTURRO: John Shooter
TIMOTHY HUTTON: Ted

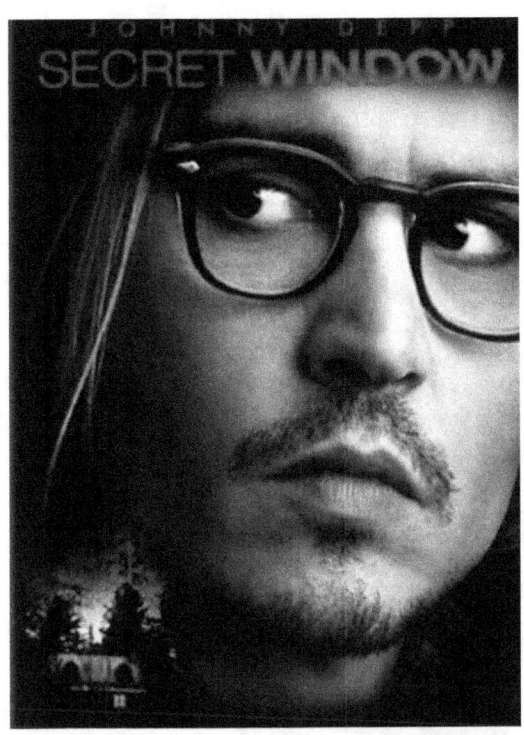

Al escritor Mort Rainey su musa parece haberle olvidado y aunque intenta escribir una gran historia, solamente consigue borrar archivos en su ordenador. Acompañado por su perro, mascullando por el divorcio entablado con su esposa a la que aún quiere, y presionado por su editor, todo parece irle mal, pero no tanto como lo que todavía está por llegar. Ese día, alguien llama a la puerta de su solitaria cabaña: un extraño personaje, muy alto y ataviado con un arcaico sombrero, quien le dice que su último libro es un plagio de una obra suya. También le avisa de que debe restituir su nombre en la portada y que tiene que cambiar el final, pues el suyo era mucho mejor.

Con este argumento, tan sencillo que no parece que pueda dar lugar a una historia de terror, Stephen King rememora al mismísimo Alfred Hitchcock y nos muestra un desdoblamiento de personalidad que nos deja aturdidos y profundamente disgustados. Mal interpretada por Johnny Depp, intentando dar vida a un personaje sin la profundidad filosófica que un escritor debería tener, mal dirigida y con unos diálogos impropios de tal nombre, solamente la fotografía se salva del despropósito.

THE MAN IN THE BLACK SUIT
2004
19 minutos

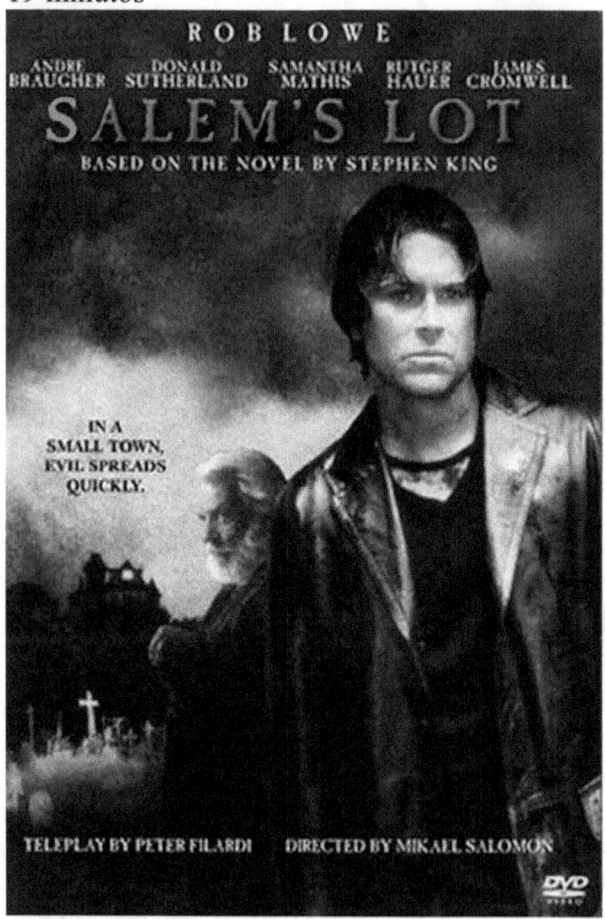

Director: Nicholas Mariani

Intérpretes:
REB FLEMING: Edith Berringer
GEOFF HANSEN: Paul Berringer

ERIC JACOBS: Gary Berringer

La trama comienza así: Un joven tiene un encuentro terrible con un hombre extraño mientras está pescando en el bosque.
La obra de Stephen King está basada en "O. Henry Award", una historia premiada en 1996 que se había publicado en el New Yorker el 31 de octubre de 1994 bajo el título "Young Goodman Brown". El problema es que resulta difícil comparar ambas obras, pero creemos que llevarla hasta nuestra época ocasiona cierto aire sutil y amanerado, demasiado complejo. Cuando se describen las escenas más contemporáneas, los personajes de Rey parecen demasiado viejos. *The Man in the Black Suite* nos desquicia con la falta de elegancia en sus insinuaciones, por lo que creemos que King no es adecuado para este lenguaje literario.

SALEM'S LOT
2004 TV
180 minutos

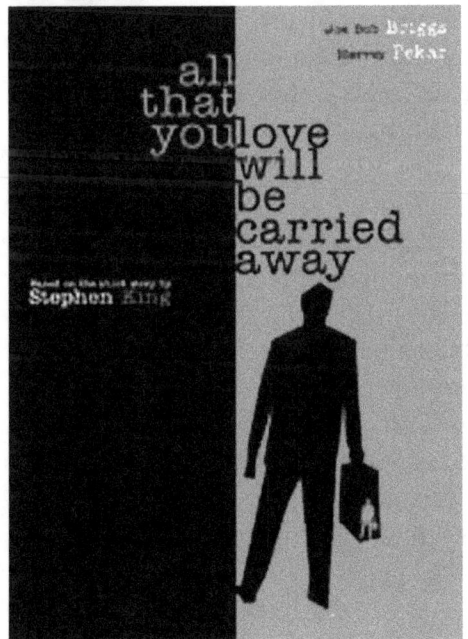

Director: Michael Solomon

Intérpretes:
ROB LOWE: Ben Mears
ANDRE BREUGHER: Matt Burke
DONALD SUTHERLAND: Richard Straker
SAMANTHA MATHIS: Susan Norton

El escritor Ben Meras regresa al pequeño pueblo de Maine (también conocido como Salem Lot), donde pasó los primeros años de su vida. Poco a poco se da cuenta que en ese lugar la gente es distinta, extraña, tanto que se han convertido en vampiros.

Al tratarse de un remake de la novela y serie de 1979, hubo cierta expectación por saber si lograrían mejorar los aciertos anteriores. El personaje principal está interpretado por Rob Lowe, un actor que alcanzó cierta fama por su trabajo en "Rebelde" de Francis Ford Coppola. Después y cuando todo presagiaba su triunfo, se hundió a causa de una denuncia por corrupción infantil al hacer el amor con una mujer menor de edad. Una vez cumplida la condena y alejado ya de las drogas y el alcohol, intentó volver al cine, pero Hollywood no estaba ya interesado en él y tuvo que conformarse con trabajos que no le aportaron reconocimiento.

El guión de este remake tampoco es acertado, despegándose casi totalmente de la idea original de King, por lo que no merecía la pena haber comenzado su rodaje. Adaptada por Peter Filardi, por lo menos nos aporta una buena banda sonora nominada para varios premios, y cuenta con la estimable participación de Donald Sutherland como el loco Straker, aunque con una interpretación inferior a lo que esperábamos. Hay, por supuesto, escenas para sentir miedo y algunos trucos efectistas que siempre funcionan, pero insistimos en que si han visto la producción anterior no les merece la pena.

ALL THAT YOU LOVE WILL BE CARRIED AWAY
2004
4 minutos

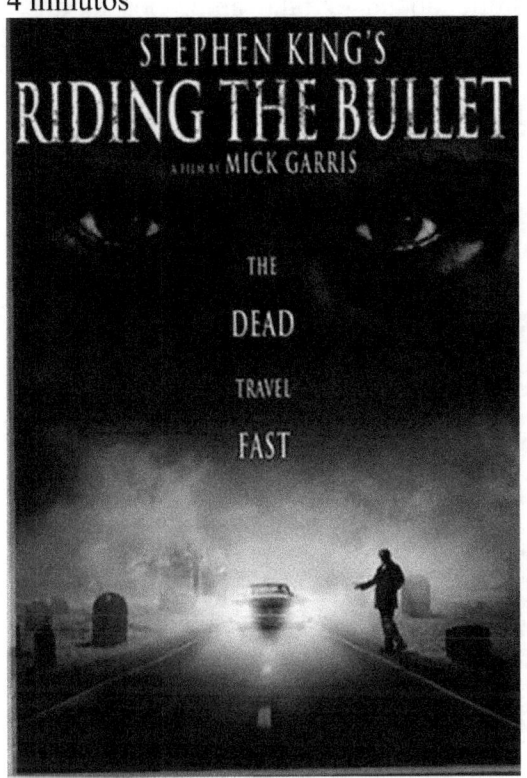

Director: James Renner

Intérpretes:
JOHN BLOOM: Alfie Zimmer
CHARLES MOORE: Charles Moore
HARVEY PEKAR: Hotel Clerk

Un vendedor de comida congelada llega a un hotel para suicidarse. La única cosa que puede detenerlo es el cuaderno que lleva desde hace 25 años. En él está reflejada su larga vida como representante y todo lo que le empujó a buscar ese final. Pero decir adiós demuestra ser más difícil de lo que él imaginó, porque hay ciertas frases escritas que le hacen reflexionar.

Basada en una historia de Stephen King, hay cierta recreación en la mirada pintoresca y lánguida de ese hombre, cansado de vivir, pero al mismo tiempo sintiendo un extraño amor por lo que parece haber sido su fascinante vida.

RIDING THE BULLET
2004
98 minutos

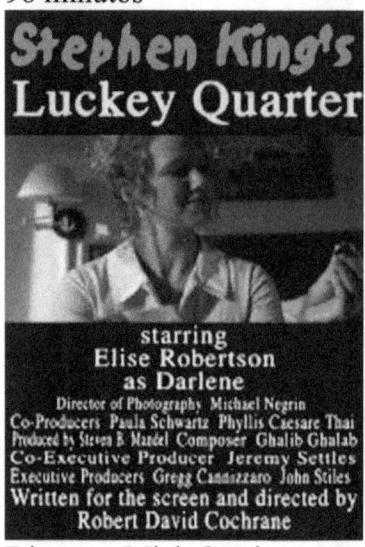

Director: Mick Garris
Basada en el relato *Montado en la bala*, recopilado en Everything's Eventual.

Intérpretes:
JONATHAN JACKSON: Alan Parker
DAVID ARQUETTE: George Staub
CLIFF ROBERTSON: Farmer
BARBARA HERSHEY: Jean Parker

La historia tiene lugar en la Víspera de Todos los Santos (Halloween) de 1969, en la vieja carretera que lleva a la universidad de New England. Este joven de 21 años se llama Alan Parker (Jackson), ahora aturdido a causa de la separación

154

de su novia, por lo que ha decidido suicidarse. Este propósito es abortado cuando debe acudir a ver a su madre, camino que emprende en coche. Cuando recoge a un autostopista el viaje parece más ameno, pero hay algo en ese individuo sumamente extraño, un secreto terrible que le obliga a tomar una opción que puede significar la vida o la muerte

La película está basada en el novela de Stephen King que se publicó primero como e-book en Internet el 14 de marzo de 2000 por Philtrum Press y Simon & Schuster. El director Mick Garris trabajó anteriormente con King en el filme *Sonámbulos* (1992) y *The Stand* (1994).

LUCKEY QUARTER
2005
11 minutos

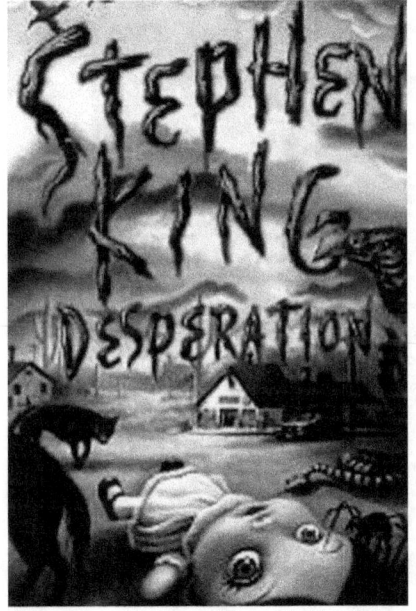

Director: Robert David Cochrane

Intérpretes:
ANDREA BOWEN: Patsy
MIKE MARINO: The Croupier

ELISE ROBERTSON: Marlene

Este Dollar Baby está basado en la historia corta de King *Luckey Quarter* que apareció el 30 junio de 1995 en Weekend USA. Pertenece a la colección de historias cortas Everything's Eventual, (11 minutos, 35 mm), con guión y dirección de Robert David Cochrane.
Marlene es una mujer que trabaja como camarera en el hotel Carson City, un lugar piojoso según sus propias palabras. Pronto deberá averiguar ciertas cosas que son aún peores.

DESPERATION
2005 TV Series
180 minutos

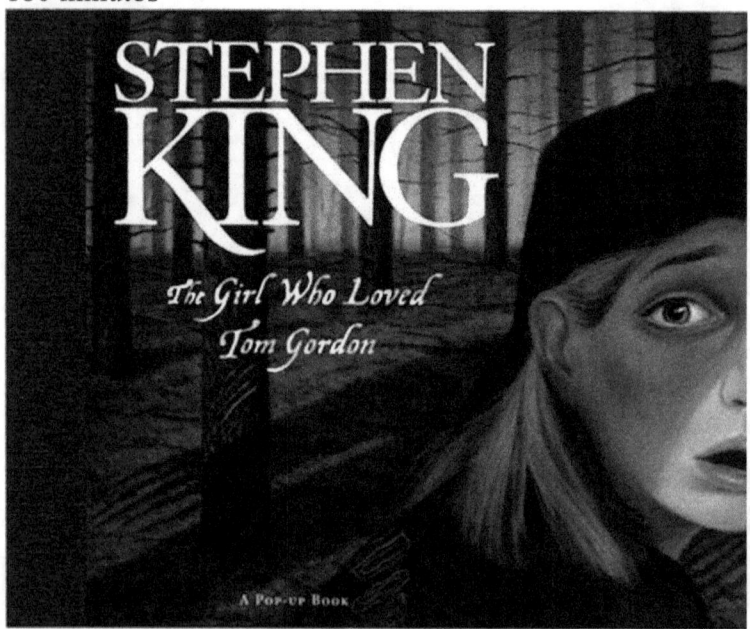

Director: Mick Garris

Intérpretes:
TOM SERRITT: John Edward
STEVEN WEBER: Steve Ames

ANNBETH GISH: Mary Jackson

El Lago Tahoe parece un lugar adecuado para unas vacaciones, pero pronto alguien decide convocar la ayuda de criaturas que producen escalofrío, como escorpiones, serpientes y arañas.

ABC ha recogido tres adaptaciones literarias para una miniserie de terror basada en la novela *Desperation,* con Mark Sennet como productor ejecutivo y Mick Garris dirigiendo. El proyecto tiene cierto atractivo y una historia interesante bajo la protección de New Line. La historia pertenece a lo que se denomina "Clásicos de King": un entorno oscuro, pasajes que producen escalofríos, sangre en abundancia, elementos sobrenaturales, y otros detalles que tanto han gustado a los lectores de los años 80. También hay que resaltar que se mostró al mismo tiempo que *The Regulators,* una novela de King (con el seudónimo de Richard Bachean), y aunque ambas eran historias completamente diferentes, se usaban los mismos nombres en los personajes.

ÚLTIMOS TÍTULOS

LA CHICA QUE AMABA A TOM GORDON
The girl who loved Tom Gordon 2005

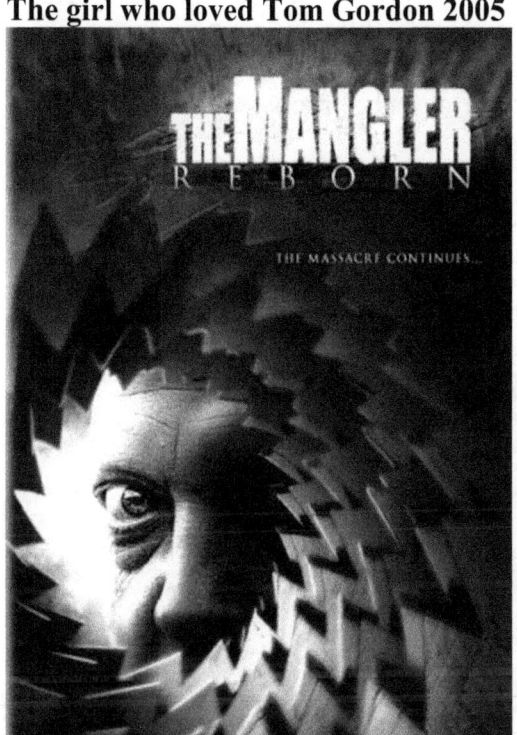

Intérpretes:
LAURE DERN: Madre
JAEDYN-LANE LESTAT: Trisha
DAKOTA FANNING

Director:
George Romero

Trisha McFarland tiene que aguantar las numerosas disputas entre ella, su madre y su hermano mayor, y cuando los tres emprenden una marcha a través del bosque, nada es diferente. Desesperada por conseguir aclarar sus ideas, Trisha se aparta del sendero y pronto se pierde en una zona pantanosa. Afortunadamente tiene su Walkman, gracias al cual puede escuchar a su héroe Tom Gordon. Pero pronto los acontecimientos suponen una prueba aterradora para ella, debiéndose enfrentar a serpientes, bichos, soledad, hambre y sed... aunque lo peor de todo es que hay algo allí fuera, mirándola, esperando. Trisha descubre pronto que ella no es la única en los bosques.

THE MANGLER REBORN
2005
90 minutos

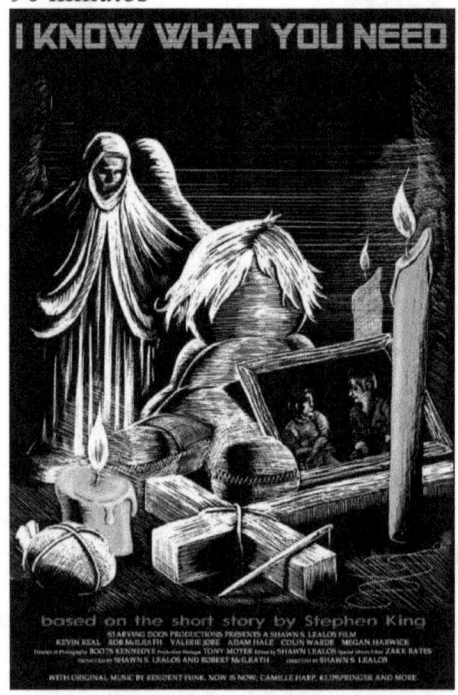

Director: Matt Cunnigham, Eric Gardner

Intérpretes:
AIMEE BROOKS: Jaime

REGGIE BANNISTER: Rick
WESTON BLAKESLEY: Hadley

Hadley es un fontanero que encuentra una máquina que se ha construido a sí misma y que para sobrevivir debe alimentarse de seres humanos. Su última víctima es Jaime, encerrada en su casa sin posibilidad de escapar.

Esta historia no supone una novedad, pero la acción es bastante buena. Reggie Bannister interpreta a un ladrón y aunque su tiempo es limitado, consigue una buena interpretación, posiblemente porque estaba bien dirigido. En fin: una película con adecuado terror y suficientes escenas de sangre. Merece la pena.

I KNOW WHAT YOU NEED
2005

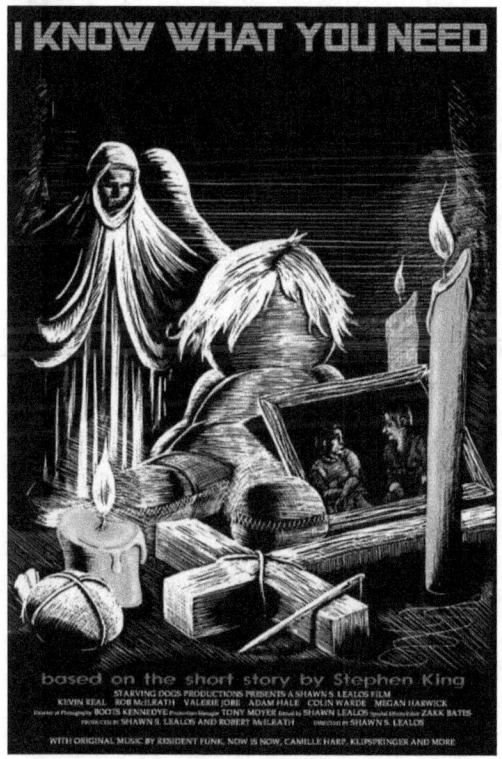

Director: Shan S. Pealos
Guión: Shawn S. Pealos

Intérpretes:
HOLLY WEST: Elizabeth Rogan
KEVIN ROYAL: Edward Hamner

Dollar Baby basado en una de las primeras historias cortas de King, aparecida en septiembre de 1976 en Cosmopolitan.
En Augusta, Elizabeth Rogan se encuentra por primera vez con un joven llamado Edward Jackson Hamner Jr, y casi al instante se enamoran. En medio de los dos, Tony Ronald, su novio. Pero Tony muere trágicamente cuando es atropellado por un Fiat rojo sin frenos que le arrolla cuando está trabajando. Las investigaciones descubren que los frenos no han sido manipulados, y el caso se da como accidente fortuito. Edward se hace más importante en la vida de Elizabeth, aunque una amiga de ella duda que sus motivos sean buenos. Edward realmente llegó hasta Elizabeth para influirla mediante brujería y que ella se enamorase de él. Esto es descubierto por su amiga Alice cuando encuentra instrumentos de brujería y vudú.

GOTHAN CAFÉ
2005
15 minutos

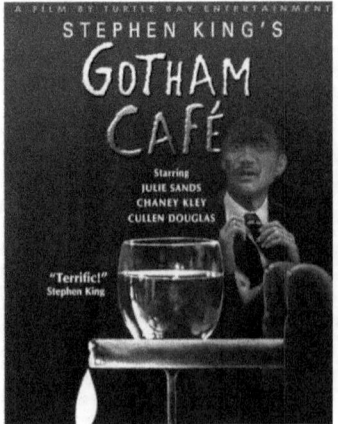

Director: Jack Edward Sawyers
Guión: Julie Sands

Intérpretes:
CHANEY KLEY: Steve
JULIE SANDS: Diane

Dollar Baby basado en la obra *Gotham Café*, aparecida originalmente con el título *Lunch At The Gotham Cafe* en la colección Dark Love publicada en 1995 por Roc. Stephen King tiene una pequeña intervención en este filme, y después de verlo permitió que pusieran su nombre en los títulos de crédito (*Stephen King's Gotham Café*), algo que no suele permitir. Esta obra se exhibe en Turtle Bay Entertainment, entidad avalada por un grupo de profesionales cinematográficos de gran talento.

HOME DELIVERY: SERVICIO A DOMICILIO
2005
11 minutos

Director: Elio Quiroga
Storyboard: Santiago Verdugo

Dollar Baby de animación adaptado de la historia *Home Delivery* de la colección "The Book of the Dead" de 1989. La historia fue incluida también en "Nightmares & Dreamscapes" editada por Viking en octubre de 1993.
Jennytown, es un pequeño y solitario pueblo de la isla Deer, Maine. La vida en este lugar costero queda afectada salvajemente por la llegada de una plaga que ha infectado al planeta entero. Los muertos están saliendo de sus tumbas y devoran a todo ser vivo.

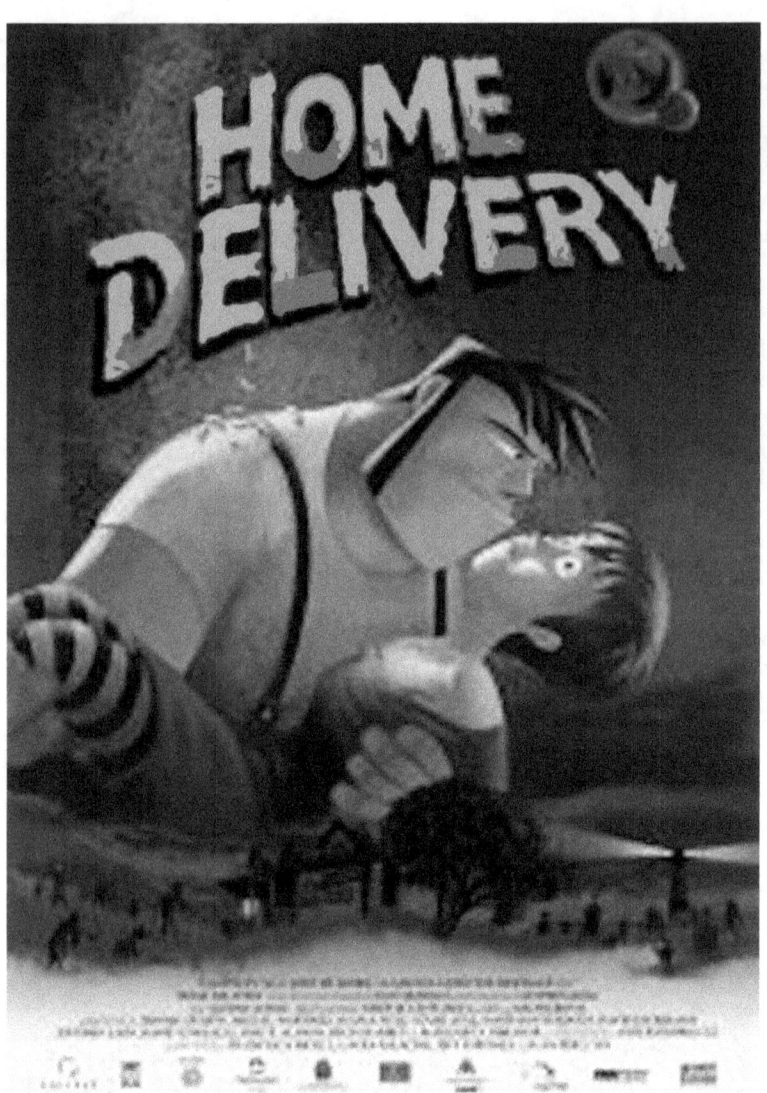

Lo que parecía imposible está sucediendo: los zombis han invadido la Tierra. Maddie, una mujer joven, incapaz de tomar sus propias decisiones, con una vida plácida y gris junto a su marido Jack, un analfabeto pescador de langostas, debe asumir la muerte de éste cuando un naufragio acaba con su vida. Pero la plaga también afectará a Jack que volverá de entre los muertos y caminará lentamente hasta llegar a visitar a su querida esposa.

SORRY, RIGHT NUMBER
2005
22 minutos

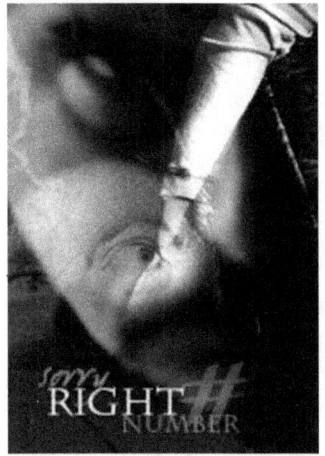

Director: Brian Berkowitz

Intérpretes:
DARRIN STEVENS: Bill
KARLA DROEGE: Dawn
MICHAEL BRADY: Hank

Kate recibe una llamada telefónica de auxilio de una fuente desconocida que queda bruscamente cortada. Temiendo que alguien esté en peligro, intenta avisar desesperadamente a su familia.

Basada en la historia corta *Master of Macabre*, este cuento dejará a los espectadores con cierta ansiedad por conocer el final. El director Brian Berkowitz conoció la historia en "Sorry Right Number", y desde ese momento supo que quería dirigir una película con esa idea. Cuando salió por primera vez en televisión, en 1987, fue con un guión del propio King, en el episodio 4.9 de "Tales from the Dark Side". Brian era consciente de que se trataba de una historia antigua que debía ser actualizada. En el verano de 2004, Brian afianzó los derechos con Stephen King y empezó a trabajar en su propia versión de la historia, algo que consiguió después de siete guiones diferentes.

EL SUEÑO DE HARVEY
Harvey's Dreams 2005
22 minutos

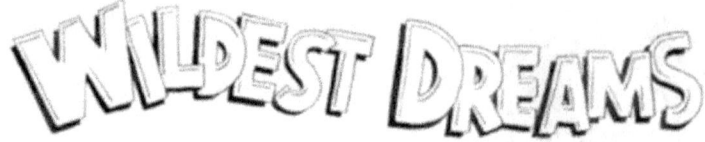

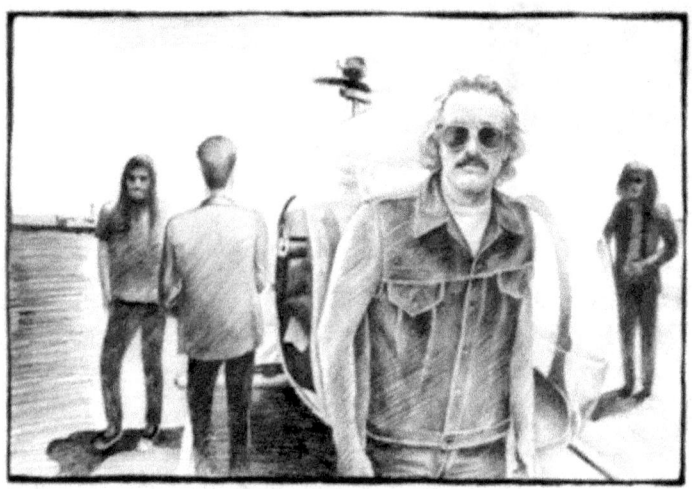

Director: Rodolfo Weisskirch

Intérpretes:
HECTOR CESANA: Harvey
HELENE GRENBAUM: Juana

Harvey ha tenido una pesadilla en donde recibía una llamada de su hija Trisha. La conclusión que sacó fue que ella le intentaba llamar para decirle que una de sus hermanas había muerto.

Cuando se despertó bruscamente, comprendió que los sueños pueden hacerse realidad con aterradora facilidad.

Harvey's Dream está basado en una historia publicada en "The New Yorker" el 23 de junio de 2003.

NIGHTMARES AND DREAMSCAPES 2006 TV Serie

Turner Network Television (TNT) se anotó un buen tanto con la adaptación *Salem's Lot* de Stephen King, continuando con esta obra de gran calidad. Esta serie antológica cuenta con ocho episodios de una hora de duración basada en historias cortas.

"Es una alegría estar trabajando en un proyecto así, y aunque algunos de nosotros ya habíamos realizado filmes basados en historias de King, esta adaptación será sin lugar a dudas la mejor de todas –dijo Michael Wright, vicepresidente de programación para TNT y TBS-. *Las historias cortas de King son inteligentes, y es un honor poder mostrarlas en televisión".*

FROM A BUICK 8
2006

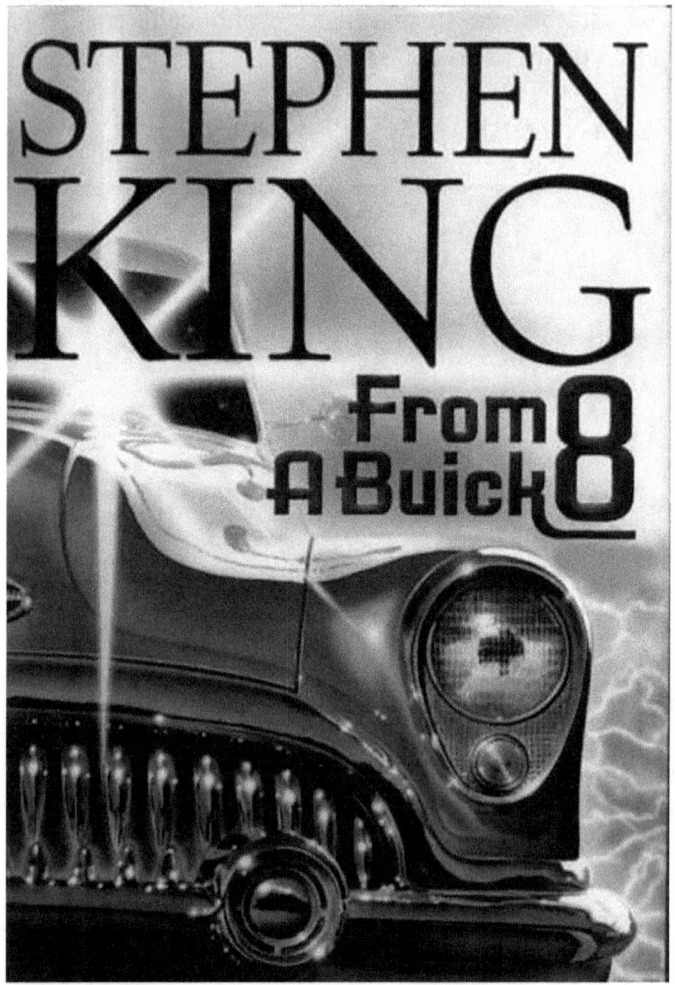

Director: George A. Romero
Guión: Richard Chizmar, Johnathon Schaech
Basada en una historia de Stephen King

Un extraño automóvil, un Buick 8, se encuentra aparcado en un cobertizo del cuartel de la policía estatal de Statler, Pennsylvania. En su interior alberga un secreto que el joven Ned Wilcox quiere descubrir. Un secreto familiar oscuro.

CREEPSHOW
2006

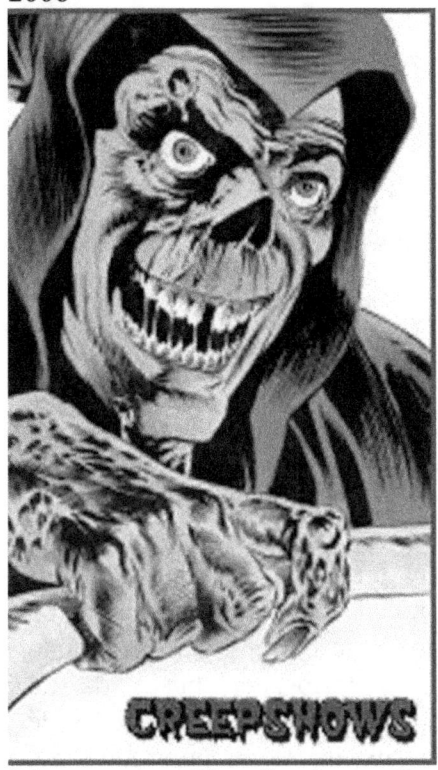

Director: Ana Clavell y James Dudelson

Intérpretes:
AJ BOWEN
EMMETT MCGUIRE
KRIS ALLEN

Remake de la película de 1982. Esta tercera colaboración George Romero/Stephen King, nos ofrece cinco nuevos cuentos de horror y uno anterior. Las historias principales tratan de realidades alternativas ("Alice"), dispositivos de comunicación poseídos por fuerzas demoníacas ("La Radio"), vampiros y asesinos en serie lujuriosos ("Llame a la muchacha"), inventores enfadados ("La esposa del profesor), y visitantes del más allá ("Volvió el perro").

BLACK HOUSE
2006

Director: Akiva Goldsman
Guión: Johnathon Schaech, Richard Chizmar
Basada en la novela de Stephen King y Peter Straub

THE TALISMAN
2007

Guión: Ehren Kruger
Basada en una novela de Stephen King y Peter Straud

Originalmente pensada por la Universal en 1984 para ser dirigida por Steven Spielberg, el proyecto fue rechazado por éste. Nos cuenta la historia del joven Jack Sawyer, quien debe salvar a su madre de una muerte cierta entrando en un mundo paralelo conocido como Los Territorios, en busca de un poderoso talismán. Sawyer deberá vencer a un ejército de fuerzas diabólicas que pretenden eliminarle mientras atraviesa de un extremo a otro un mundo tan fantástico como espeluznante habitado por seres letales, expertos en mil artimañas destinadas a impedir que alcance su objetivo.

FILMOGRAFÍA COMO PRODUCTOR

Desperation 2005 TV
Riding the Bullet 2004
Kingdom Hospital 2004 TV
The Diary of Ellen Rimbauer 2003 TV
Rose Red 2002 TV
La tormenta del siglo 1999
El resplandor 1997
Apocalipsis 1994
Golden years 1991

FILMOGRAFÍA COMO ASISTENTE DE DIRECCIÓN

El resplandor 1997

FILMOGRAFÍA COMO DIRECTOR

La rebelión de las máquinas 1986

APARICIONES COMO ACTOR

Creepshow: Jordy Verrill
Creepshow 2: Camionero en "The Hitchhiker"
Pet Sematary: Sacerdote en un funeral
Sleepwalkers: Trabajador del cementerio
Golden Years: Conductor de autobús
The Stand: Teddy Weizak
The Langoliers: Chairman del Board
Thinner: Farmacéutico

The Shining (miniseries): Gage Creed, Band leader
Storm of the Century: Sleazy Lawyer en anuncio TV
Rose Red: Repartidor de pizzas
Maximum Overdrive: Hombre y ATM
Knight Riders (Filme de George Romero)
Kingdom Hospital: Johnny B. Goode

APARICIONES FUGACES

Fever Pitch 2005
The 100 Scariest Movie Moments 2005
2004 World Series 2004
Hope Springs Eternal 2004
Walking the Tracks 2002
Walking the Mile 2000
Biografía 2000
The Miracle of The Green Mile 1999
The Cider House Rules 1999
Stephen King: Shining in the Dark 1999
X-files Movie Special 1998
Baseball 1994
This is Horror 1989
David Cronenberg 1986

APARICIONES EN TELEVISIÓN

News night with Aaron Brown 2004
The Daily Show 2004
HBO First Look 2003
Chappelle's Show 2003
Fraiser 2000
The Simpsons 2000
Late Nigth with Conan O'Brien 1999
Dennis Miller Live 1998

CAPÍTULO TRES

LISTA DE LAS OBRAS EDITADAS HASTA 2006

LIBROS
1974 Carrie (Carrie).
1975 Salem's Lot (El misterio de Salem's lot).
1977 The Shining (El resplandor).
1978 The Stand (Apocalipsis).
1979 The Dead Zone (La Zona Muerta).
1980 Firestarter (Ojos de Fuego).
1981 Cujo (Cujo).
1982 The Dark Tower I: The Gunslinger (La Torre Oscura I: La Hierba del Diablo).
1983 Christine (Christine).
1983 Pet Sematary (Cementerio de Animales).
1984 The Talisman. (El Talismán) En co-autoría con Peter Straub.
1985 Cycle of the Werewolf (El Ciclo del Hombre Lobo).
1986 It (Eso).
1987 Misery. (Misery).
1987 The Eyes of the Dragon (Los Ojos del Dragón).
1987 The Dark Tower II: The Drawing of the Tree (La Torre Oscura II: La invocación).
1987 The Tommyknockers (Los Tomyknockers).
1989 The Dark Half (La Mitad Oscura).
1990 The Stand: The Complete and Uncut Edition (Apocalipsis).
1991 The Dark Tower III: The Wasted Land (La Torre Oscura III: Las Tierras Baldías).
1991 Needful Things (La Tienda).
1992 Gerald's Game. (El Juego de Gerald).
1992 Dolores Claiborne. (Eclipse Total).
1994 Insomnia. (Insomnia).
1995 Rose Madder (El Retrato de Rose Madder).

1996 The Green Mile (La Milla Verde).

1996 Desperation. (Desesperación).

1997 The Dark Tower IV: Wizard and Glass (La Torre Oscura IV: La Bola de Cristal).

1998 Bag of Bones (Un saco de Huesos).

1999 Storm of the Century (La Tormenta del Siglo).

1999 The Girl who Loved Tom Gordon (La chica que amaba a Tom Gordon).

1999 Hearts in Atlantis (Corazones en Atlántida).

2001 Dreamcatcher (El Cazador de Sueños).

2001 Black House (Casa Negra) En co-autoría con Peter Straub.

2002 From a Buick 8 (Buick 8, un coche perverso).

2003 The Dark Tower I: The Gunslinger (Revisión).

2004 The Dark Tower V: Wolves of the Callah.

2004 The Dark Tower VI: Song Of Susannah.

2004 The Dark Tower VII: Dark Tower.

2005 The Colorado Kid

2006 Lisey's Story

LIBROS CON EL SEUDÓNIMO DE RICHARD BACHEAN

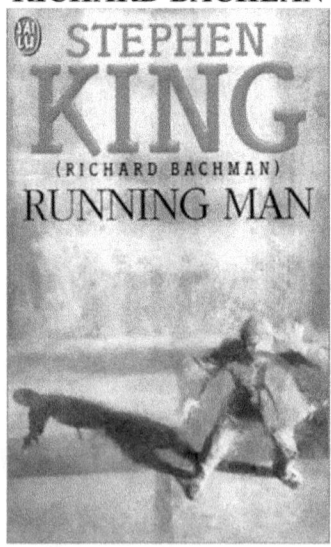

1975 Rage (Rabia).
1979 The Long Walk (La Larga Marcha).
1981 RoadWork (Carretera Maldita).
1982 The Running Man. (El Fugitivo).
1984 Thinner (Maleficio).
1996 The Regulators (Posesión).

OTROS LIBROS

1985 Silver Bullet. Reedición de Cycle of the werewolf con el guión de Silver Bullet.
1988 Nightmares in the sky: Gargoyles and grotesques.
1989 Steel Machine.
2000 Blood & Smoke. Lunch at the Gotham Cafe; In the deathroom; 1408.
2000 Riding the bullet.
2002 The Plant (La Planta I, II, III, IV, V, VI).

LIBROS EDITADOS DE FORMA LIMITADA

1960. **People, Places and things** (Volumen I): The hotel at the end of the road; I've got to get away; The dimension warp; The thing at the bottom of the well; The stranger; I'm falling; The cursed Expedition; The other side of the fog; never look behind you.
1997. **Six Stories**: Lunch at the Gotham Cafe, LT's theory of Pets; Luckey Quarter, autopsy room 4, Blind Willie; The man in the black suit.
1999. **The new lieutenant's rap**. Con revisiones en Corazones en Atlántida.

ANTOLOGÍAS

1978. **Night Shift** (El Umbral de la Noche).

Jerusalem's Lot, Graveyard Shift (El Último Turno), Night Surf (Marejada Nocturna), I'm the Doorway (Soy la Puerta), The Mangler (La trituradora), The Boogeyman (El Coco), Gray Matter (Materia Gris), Battleground (Campo de Batalla), Trucks (Camiones), Sometimes They Comes Back (A veces vuelven), The Ledge (La cornisa), Strawberry Springs (La primavera de fresa), The Lawnmower Man (El cortador de Césped), Quitters, Inc (Basta SA), I know what you need (Sé lo que necesitas), Children of the Corn (Los Chicos del Maíz), The last rung on the ladder (El último peldaño de la escalera), The man who loved Flowers (El hombre que amaba las flores), One for the road (Un trago de despedida), The woman in the room (La Mujer de la Habitación).

1982. **Different Seasons**. (Las 4 Estaciones): Rita Hayworth and the Shawshank Redemption (Rita Hayworth y la redención de Shawshank), Apt Pupil (Alumno aventajado), The Body (El cuerpo), The Breathing Method (El método de respiración).

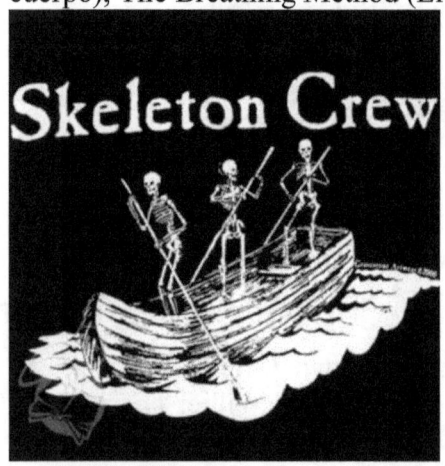

1985. **Skeleton Crew:** The mist (la niebla), Here there be tigres (Aquí hay tigres), The Monkey (El mono), Cain rose up (Apareció Cain), Mrs Todd Shortcut (El atajo de la señora Todd), The Jaunt (La Expedición), The wedding Gig (zarabanda nupcial), Paranoid: a chant (Paranoia: un canto), The raft (La balsa), Word processor of the Gods (El procesador de palabras de los dioses), The man who would not shake hands (El hombre que no quería estrechar manos), Beachworld (La Playa), The Reaper's Image (La Imagen de la Muerte), Nona (Nona), For Owen (Para Owen), Survivor Tyoe (Superviviente), Uncle's Otto Truck (El camión de Tío Otto), Morning Deliveries: milkman 1 (Reparto matutino: el lechero 1), Big Wheels: a tale of the laundry Game, Milkman 2 (Ruedas: un cuento de lavandería, el lechero 2), Gramma (Abuela), The ballad of the flexible bullet (La balada del proyectil flexible), The Reach (The reach).

1985. **The Bachman's Books**. Esta antología contiene las cuatro primeras novelas de Bachman.

1990. **Four past Midnight**. (Las 4 después de la medianoche): The Langoliers (Los Lagoliers), Secret window, secret garden (Secreta ventana, secreto jardín), The library policeman (El policía de la   biblioteca), The sun Dog (El perro de la polaroid).

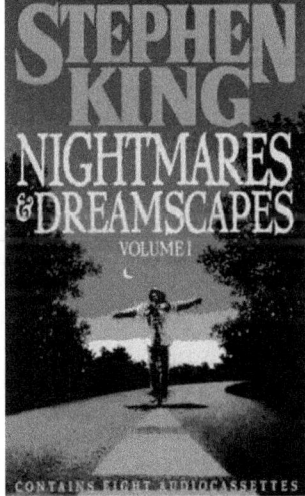

1993. **Nightmares and Dreamscapes** (Pesadillas y alucinaciones): Dolan's Cadillac (El Cadillac de Dolan), The end of the whole mess (El final del desastre), Suffer the little children (Hay que aguantar a los niños), The night Flier (El piloto nocturno), Popsy (Popsy), It grows on you (Es algo que llega a gustarte), Chattery Teeth (La Boca saltarina), Dedication (La dedicatoria), The Moving Finger (El dedo móvil), Sneakers (Las zapatillas), You know thet got a hell of the band (¿Sabes? tienen un grupo de la leche), Home Delivery (Parto en casa), Rainy Season (La estación de las lluvias), My pretty Pony (Mi bonito pony), Sorry, right number (No se equivoca de número), The ten o'clock people (La gente de las diez), Crouch End (Crouch End), The House on Maple Street (La casa de Maple Street), The doctor's case (El caso del doctor), The fifty quarter (El quinto fragmento), Umney's last case (El último caso de Umney), Head Down (Baja la cabeza), The begar and the diamond (El mendigo y el diamante), Brooklyn August (Agosto en Brooklyn).

2000. **Secret Windows:** Introducción de Peter Straub; Jumper; Rush Call; The horror market writer and the ten bears: a true story; Foreword to night shift; On becoming a brand name; Horror fiction: from danse macabre; An evening at the Billerica Library; The ballad of the flexible bullet; How IT happened; Banned Books and other concerns: the virginia beach lecture; Turning the thumbscrews on the reader; "Ever et raw meat?" y otras cuestiones; Two past midnight: a note on secret window, secret garden; introducción por Jack Ketchum's The girl next door; Great Hookers I have Known; A night at the royal festival hall: Muriel Grey entrevista a Stephen King.

2002. **Everything's Eventual** (Todo es eventual): Autopsy four room (Habitación de autopsias 4), The man in the black suit (El hombre del traje negro), All that you love will be carried away (Todo lo que amabas te será arrebatado), The death of Jack Hamilton (La muerte de J. Hamilton), In the deathroom (En la habitación de la muerte), The little sisters of Eluria (Las hermanitas de Eluria), Everything's eventaul (todo es eventual), LT's theory of pets(la teoria de mascotas de LT), The road virus heads norths (El virus llega al norte), Lunch at the gotham Café (Almuerzo en el rest. Gotham), That feeling, you can only say what it is in french (Ese sentimiento que tú sólo sabes decirlo en francés), 1408 (1408), Riding the bullet (Montando la bala), Luckey quarter (La moneda de la suerte).

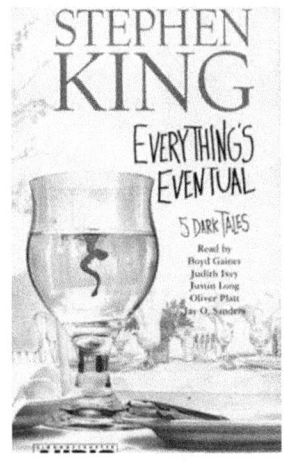

Novelas cortas
1982. **Las cuatro estaciones** (Different seasons): Primavera, esperanza eterna: Rita Hayworth y la redención de Shawshank (Rita Hayworth and the Shawshank redemption); Verano de corrupción: Alumno aventajado (Apt pupil); El otoño de la inocencia: El cuerpo (The body); Cuento de invierno: El método de respiración (The breathing method)

1990 **Cuatro después de la medianoche** (Four past midnight); Los Langoliers (The langoliers); Ventana secreta, jardín secreto (Secret window, secret garden); El policía de la biblioteca (The library policeman); El perro Sun (The Sun dog)

El libro "Las cuatro estaciones" fue originalmente publicado en dos volúmenes, titulados "Verano de corrupción" y "El cuerpo".

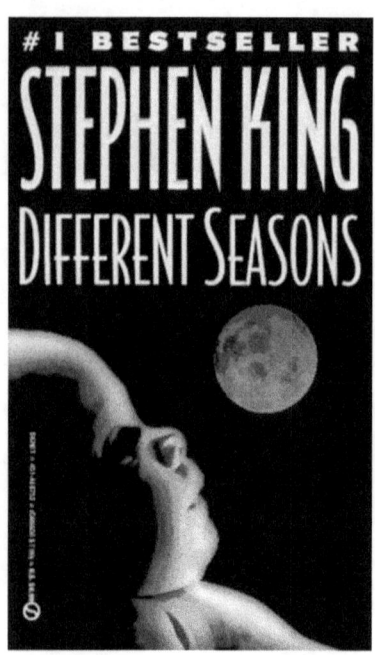

LIBROS DE CUENTOS

1978 **El umbral de la noche** (Night shift): Los misterios del gusano (Jerusalem's Lot); El último turno (Graveyard shift); Marejada nocturna (Night surf); Soy la puerta (I am the doorway); La trituradora (The mangler); El coco (The boogeyman); Materia gris (Gray matter); Campo de batalla (Battleground); Camiones (Trucks); A veces vuelven (Sometimes they come back); La primavera de fresa (Strawberry spring); La cornisa (The ledge); El hombre de la cortadora de césped (The lawnmower man); Basta S.A. (Quitters, Inc.); Sé lo que necesitas (I know what you need); Los chicos del maíz (Children of the corn); El último peldaño de la escalera (The last écada the ladder); El hombre que amaba las flores (The man who loved flowers); Un trago de despedida (One for the road); La mujer de la habitación (The woman in the room).

1985 **La expedición** (Skeleton crew I): La expedición (The jaunt); Sobreviviente (Survivor type); Abuela (Gramma); La balada del proyectil flexible (The ballad of the flexible bullet).

1985 **La niebla** (Skeleton crew II): La niebla (The mist), El mono (The monkey), El atajo de la señora Todd (Mrs. Todd's shortcut).

1985 **Historias fantásticas** (Skeleton Crew III): Hay tigres (Here there be tigers), Apareció Cain (Cain rose up), Zarabanda nupcial (The wedding gig), Paranoia: un canto (Paranoid: a chant) (Poema), El procesador de palabras de los dioses (Word processor of the gods), El hombre que no quería estrechar manos (The man who would not shake hands), La playa (Beachworld), La imagen de la muerte (The reaper's image), Para Owen (For Owen) (Poema), El camión de tío Otto (Uncle Otto's truck), Reparto matutino (El lechero 1), (Morning deliveries, Milkman #1), Ruedas: un cuento de lavandería (El lechero 2), (Big wheels: a tale of the laundry game, Milkman #2), El brazo (The reach)

1993 – **Pesadillas y alucinaciones** (Nightmares and dreamscapes): El cadillac de Dolan (Dolan's cadillac), El final del desastre (The end of the whole mess), Hay que aguantar a los niños (Suffer the écada children), El piloto nocturno (The night flier), Popsy (Popsy), Es algo que llega a gustarte (It grows on you), La boca saltarina (Chattery teeth), La dedicatoria (Dedication), El dedo móvil (The moving finger)
* Las zapatillas (Sneakers), ¿Sabes? Tienen un grupo de la leche (You know they got a hell of a band), Parto en casa (Home delivery), La estación de las lluvias (Rainy season), Mi bonito Pony (My pretty pony), No se equivoca de número (Sorry, right number), La gente de las diez (The ten o'clock people), Crouch End (Crouch End), La casa de Maple Street (The house on Maple Street), El caso del doctor (The Doctor's case), El quinto fragmento (The fifty quarter), El último caso de Umney

(Umney's last case), Baja la cabeza (Head down), El mendigo y el diamante (The beggar and the diamond), Agosto en Brooklyn (Brooklyn august) (Poema).

RELATOS DE FICCIÓN

1956. Johnathan and the whitches. (Johnatan y las brujas).
1959. Land of 1000000 years ago.
1961. The pit and the pendulum.
1961. The Killer. (El asesino).
1964. The Star Invaders.
1964. The Village Vomit.
1965. Codename: mousetrap.
1965. I was a teenage grave robber. In a half world of terror.
1966. The 43 rd dream.
1967. The Glass Floor. (El piso de cristal).
1969. Stud City. (Extracto del cuerpo).
1970. Slade.
1971. The Blue air compressor. (El compresor de aire azul).
1975. The revenge of lardass hogan.
1976. Weeds. (Cuento la solitaria muerte de Jordy Verril).
1977. The cat from hell (El gato del infierno).
1978. The   éca family and the wicked witch. (La familia King y la bruja malvada).
1978. Man with a belly.
1978. Night of the tiger. (La noche del tigre).
1979. The crate. (El baul).
1982. Before the play. (Antes del espectáculo).
1982. Skybar. (Skybar).
1982. General. 3º segmento del guion Cat's Eye.
1984. The revelations of Becka Paulson. (Las revelaciones de Becka Paulson).
1986.   écada   birds. (Para los pájaros).
1986. Pinfall. (script).
1987. Crece sobre ti. Versión de Es algo que llega a gustarte (It grows on you).

1988. The reploids. (Los reploides).
2000. The old Dude's Ticker.
2003. The tale of Gray Dick.
2003. Harvey's Dream.
2003. Stationary Bike.
2003. Rest Stop.
2004. The things they left behind

NO FICCIÓN

1981 – Danse Macabre

SERIE "LA TORRE OSCURA"

1982 La torre oscura 1: La hierba del diablo (The Dark Tower 1: The gunslinger)
1987 La torre oscura 2: La invocación (The Dark Tower 2: The drawing of three)
1992 La torre oscura 3: Las tierras baldías (The Dark Tower 3: The waste lands)
1997 La Torre oscura 4: La Bola de Cristal (The dark tower 4: Wizard and glass)
2004 La Torre oscura 5: Los lobos de Calla (The Dark Tower V: Wolves of The Calla)
2004 La Torre oscura 6 (The Dark Tower VI: Song of Susannah)
2005 La Torre oscura 7: (The Dark Tower VII: The Dark Tower)

SERIE "EL PASILLO DE LA MUERTE"

1996 El pasillo de la muerte – Parte 1: Las gemelas asesinadas (The Green Mile – Part 1: The two dead girls)
1996 El pasillo de la muerte – Parte 2: Un ratón en el pasillo (The Green Mile – Part 2: The mouse on the mile)

1996 El pasillo de la muerte – Parte 3: Las manos de Coffey (The Green Mile – Part 3: Coffey's hands)
1996 El pasillo de la muerte – Parte 4: Una ejecución espeluznante (The Green Mile – Part 4: The bad death of Eduard Delacroix)
1996 El pasillo de la muerte – Parte 5: Viaje nocturno The Green Mile – Part 5: Night journey)
1996 El pasillo de la muerte – Parte 6: La hora final de Coffey (The Green Mile – Part 6: Coffey on the Mile)

OTROS

1985 The Lawnmower Man (Adaptación a cómic, publicado en Bizarre Adventures nº 29)
1982 Creepshow (Libro de cómics ilustrado por Berni Wrightson): Fiesta del Padre (Father's day), La solitaria muerte de Jordy Verril (The lonesome death of Jordy Verril), La caja (The crate), Marea baja (Something to tide you over), Bullen por todas partes (They're creeping up on you),
1985 Heroes for Hope (Segmento de un libro de cómics de X-Men, ilustrado por Berni Wrightson)
1988 Nightmares in the Sky (Libro de fotografías de F. Stop Fitzgerald, con textos e introducción de Stephen King)
1994 Popsy (Adaptación a cómic, publicado en Masques #2)
1985 Mid-Life Confidential (Libro sobre el grupo "Rock Bottom Remainders", integrado por varios escritores. King escribió un capítulo)

CUENTOS Y POEMAS INÉDITOS

(…)   Jonathan and the witches
1964 Squad D
1964 The star invaders
1965 I was a teenage grave robber
1966 In a half world of terror
1967 The glass floor

1968 Harrison State Park '68 (Poema)
1969 The dark man (Poema)
1970 Slade
1970 Donovan's brain (Poema)
1970 Silence (Poema)
1971 The blue air compressor
1971 In the key-chords of dawn (Poema)
1971 The hardcase speaks (Poema)
1976 Weeds
1977 The cat from hell
1978 Man with a belly
1979 The crate
1979 The night of the tigre
1982 Before the play
1982 Skybar
1984 The revelations of Becka Paulson
1986 For the birds
1988 The reploids
1994 The killer
1997 Everything's eventual
1997 The General

CÓMICS

1981 The Lawnmower Man.
1981 Creepshow.
1985 Heroes for Hope, protagonistas The X-Men.
1992 Popsy.

GUIONES

1982 Creepshow.
1983 Cat's Eye (the general, la cornisa, basta s.a.).
1986 Maximun Overdrive.
1989 Pet Sematary.
1991 Golden Years. (I, II, III, IV, V).

1992 Sleepwalkers.
1994 The stand (miniserie).
1997 The shining (miniserie).
1997 Ghosts. Guion de videoclips de   écada   écada .
1997 Chinga (X-files).
2002 Rose Red.
2004 Kingdom Hospital.

POESÍAS

1968 Harrison State Park 68.
1969 The Dark Man.
1970 Donovan's Brain.
1970 Silence.
1971 In the key-chords of dawn.
1971 She has gone to sleep while…
1971 Woman with child.
1971 The hardcase speaks.

NOVELAS NO PUBLICADAS

Milkman. Incompleta. Los dos primeros capítulos están editados.
My pretty pony. Incompleta. El primer capítulo está editado.
1963 The aftermath.
1970 Sword in the darkness. También conocida como Babylon here.
1973 Blaze. Tambien conocida como Grand Theft Auto.
1974 The house on value street. Base para apocalipsis. Incompleta.
1976 The corner. Incompleta.
1976 Welcome to   écada   ter. Incompleta.
1977 Wimsey. Incompleta.
1982 The cannibals. Tambien conocida como Under the Dome.
1983 The leprechaun. Incompleta.
1990 On the island.

1996 The pretender.

RELATOS DE FICCIÓN NO PUBLICADOS

1954 Mr Rabbit Trick.
1954 Titulo desconocido (dinosaurio)
1959 Charlie.
1968 The float. Version de The raft.
1969 The accident . Obra teatral.
1984 Keyholes. Incompleto.
1990 An evening at God's. Obra teatral.
1992 What tricks your eye. Base para the green mile.

ENSAYOS

1981 Danse Macabre Ensayo sobre la evolución del género de terror desde sus comienzos hasta la   écada de los 80. No está publicado en castellano.
2000 On Writing (Mientras escribo)
Ensayo sobre la forma de escribir. Contiene también vivencias del autor, como llegó a ser escritor, su accidente, etc.

PREMIOS Y NOMINACIONES

Premio Bram Stoker

Año	Categoría	Título	Premio
1987	Best Novela	Misery	Ganador
1988	Larga Ficción	The Night Flier	Nominado
1990	Larga Ficción	The Langoliers	Nominado
	Ficción Colección	Four Past Midnight	Ganador
1991	Novela	Needful Things	Nominado

		Dark Tower III	Nominado
1993	Ficción Colección	Nightmares & Dreamscapes	Nominado
1994	Novel	Insomnia	Nominado
1995	Larga Ficción	Lunch at the Gotham Café	Ganador
1996	Novela	The Green Mile	Ganador
1997	Larga Ficción	Everything's Eventual	Nominado
1998	Novela	Bag of Bones	Ganador
	Short Fiction	Autopsy Room Four	Nominado
1999	Novela	Low Men in Yellow Coats	Nominado
	Ficción Colección	Hearts in Atlantis	Nominado
2000	Larga Ficción	Riding the Bullet	Nominado
	No ficción	On Writing	Ganador
2001	Novela	Black House	Nominado
2002	Novela	From A Buick 8	Nominado
2003	Ficción Colección	Everything's Eventual	Nominado

Horror Guild

1997	Novela	Desperation	Ganador
2001	No-Ficción	On Writing	Ganador
	Larga Historia	Riding the Bullet	Ganador
2002	Novela	Black House	Ganador

188

| 2003 | Novela | From A Buick 8 | Ganador |
| | Colección | Everything's Eventual | Ganador |

Horror Writers Association

| 2003 | Lifetime Achievement Award | | Ganador |

Hugo Awards

| 1982 | No Ficción | Danse Macabre | Ganador |

Locus Awards

1982	No Ficción	Danse Macabre	Ganador
1986	Colección	Skeleton Crew	Ganador
1997	Novela	Desperation	Ganador
1999	Novela	Bag of Bones	Ganador
2001	No Ficción	On Writing	Ganador

National Book Foundation

| 2003 | Medal for Distinguished Contribution to American Letters | Receptor |

Nebula

| 1980 | Novela | The Way Station | Nominado |

O. Henry Award

| 1996 | | The Man in the Black Suit | Ganador |

World Fantasy Awards

1976	Novela	Salem's Lot	Nominado
1979	Colección/ Antología	Night Shift	Nominado
	Novela	The Stand	Nominado
1981	Novela	The Mist	Nominado
1982	Corto Ficción	Do the Dead Sing?	Ganador
1983	Colección/ Antología	Different Seasons	Nominado
	Novela	The Breathing Method	Nominado
1984	Novela	Pet Sematary	Nominado
1985	Novela	The Talisman	Nominado
	Novela	The Ballad of the Flexible Bullet	Nominado
1986	Colección/ Antología	Skeleton Crew	Nominado
1987	Novela	IT	Nominado
	Short Fiction	The End of the Whole Mess	Nominado
1988	Novela	Misery	Nominado
1995	Short Fiction	The Man in the Black Suit	Ganador
2000	Colección	Hearts in Atlantis	Nominado
2004	Colección	Lifetime Achievement Award	Ganador

Últimos datos

En noviembre de 2010 fue publicada la colección *Todo oscuro, sin estrellas*, ganadora del Bram Stoker en la categoría de mejor colección. Compuesta por cuatro novelas cortas, la colección presenta una variedad de géneros, siendo 1992 la única obra de terror sobrenatural incluida. *22/11/63* siguiente novela del autor, apareció el 8 de noviembre de 2011. En esta obra de suspense, un maestro retrocede en el tiempo a través de un portal que conduce al año de 1958 para tratar de prevenir el asesinato de John F. Kennedy. La novela, un éxito de ventas y de crítica, pasó cuatro semanas en el primer puesto de la lista de los libros más vendidos del New York Times y ocupó la segunda posición en el ranking de ficción en los Estados Unidos en el 2011, con más de 900.000 ejemplares vendidos.

En febrero de 2012 fue publicada la novela *El viento de la cerradura*, parte de la saga de La Torre Oscura, cuya historia se ubica entre los volúmenes cuatro y cinco. En 2013 el autor publicó dos nuevas novelas. Retornó a la novela policíaca y de misterio con *Joyland*, publicada el 4 de junio directamente en edición de bolsillo. La novela presenta a un joven empleado de un parque de diversiones que se lanza a la pista de un asesino en serie. En septiembre publicó *Doctor sueño*, secuela de *El resplandor* de 1977, en la que relata la vida adulta de Danny Torrance y su lucha contra un grupo de inmortales que se alimentan de la energía de niños dotados con el don del resplandor. Para promocionar esta obra, el escritor estadounidense viajó a Francia y Alemania, donde concedió varias entrevistas y conferencias, así como una sesión de firmas en París. Doctor Sueño ganó el Premio Bram Stoker y ocupó la segunda posición en la lista de los libros de ficción más vendidos en el país norteamericano en 2013 con más de 900.000 ejemplares vendidos.

Su siguiente libro, publicado el 3 de junio de 2014 es otra novela policíaca, titulada *Mr. mercedes*, en la que un criminal que mató a varias personas con su automóvil burla al policía retirado que estaba a cargo del caso y prepara un nuevo ataque aún más mortífero. Esta novela, ganadora del *Premio Edgar*, se convirtió en la primera de una trilogía centrada en el personaje de Bill Hodges, un oficial de policía retirado. El segundo volumen, titulado *Quien pierde paga*, salió a la venta el 2 de junio de 2015. Entre estas dos obras, King publicó *Revival*, una novela en la que un hombre común conoce a un antiguo pastor fascinado por la electricidad que ha negado la existencia de Dios como resultado de un terrible drama familiar, y se convierte en su asistente para una experiencia suprema.

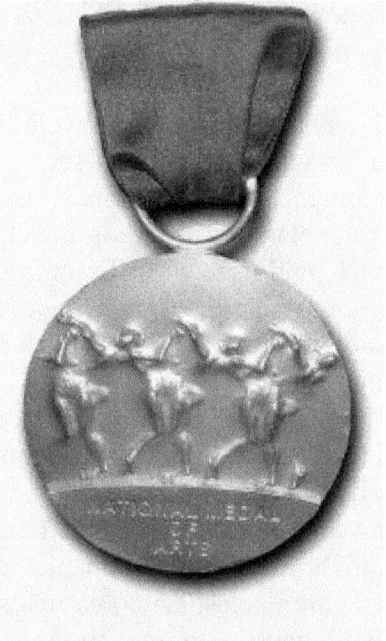

Medalla Nacional de las Artes, otorgada a King por el presidente Barack Obama en 2015.

El 10 de septiembre de 2015 King fue recibido en la Casa Blanca, donde se le concedió la Medalla Nacional de las Artes el más alto honor otorgado por el gobierno de los Estados Unidos a los exponentes de las artes. Su nueva colección de cuentos, titulada El bazar de los sueños malos y compuesta por veinte relatos, salió al mercado el 3 de noviembre de 2015. Más adelante el escritor finalizó su trilogía sobre Bill Hodges al enfrentar nuevamente al expolicía con el asesino de Mr. Mercedes en Fin de guardia, publicada el 7 de junio de 2016.

El 2017 fue un año marcado por las colaboraciones. King escribió junto con Rcihard Chizmar la novela La caja de botones de Gwendy, publicada en mayo. Con su hijo Owen escribió la novela *Bellas durmientes*, lanzada al mercado en septiembre. En esta novela, una extraña epidemia sumerge a todas las mujeres del mundo en un sueño profundo. El 22 de mayo de 2018 el autor publicó *El visitante,* una novela policíaca con un antagonista sobrenatural en la que interviene Holly Gibney, uno de los personajes principales de la trilogía de Bill Hodges. La novela corta *Elevation,* publicada a finales de octubre de 2018, desarrolla su trama en la ciudad de *Castle Rock* y es considerada por el autor como una especie de secuela de *La caja de botones de Gwendy*.

El 31 de enero de 2019 se anunció en la página oficial del autor el lanzamiento de una nueva novela, titulada The Institute, programada para ser lanzada al mercado el 10 de septiembre del mismo año. En la página esta nueva novela es descrita de la siguiente manera: «tan psíquicamente aterradora como *Ojos de fuego* y con el espectacular poder infantil de *It*, The Institute es una desgarradora historia de Stephen King acerca del bien y el mal, en un mundo en el que los tipos buenos no siempre ganan».

OTROS LIBROS DE INTERÉS PUBLICADOS POR EDICIONES MASTERS

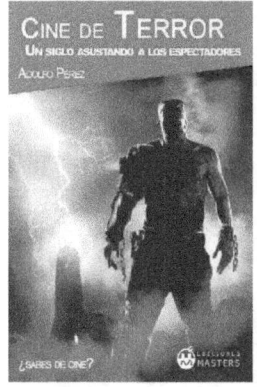 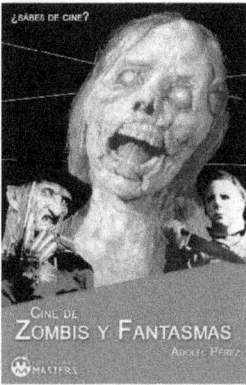 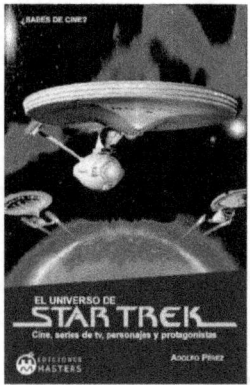

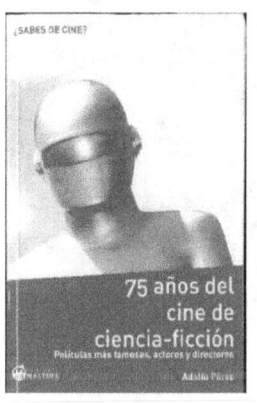 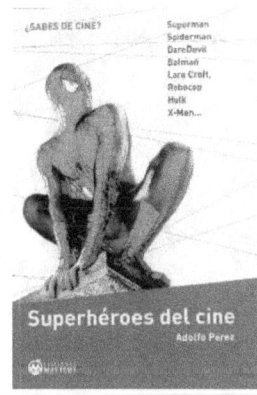 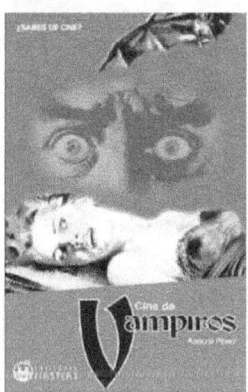

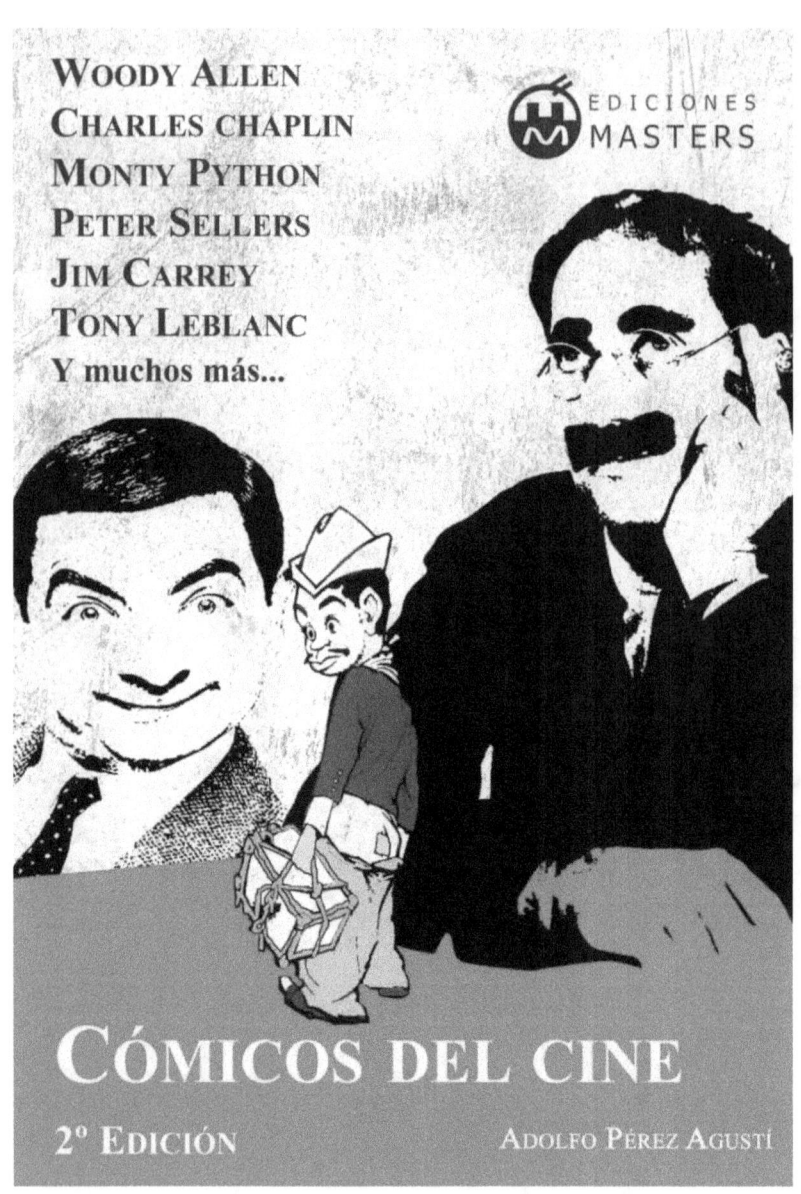

WOODY ALLEN
CHARLES CHAPLIN
MONTY PYTHON
PETER SELLERS
JIM CARREY
TONY LEBLANC
Y muchos más...

EDICIONES
MASTERS

CÓMICOS DEL CINE

2º EDICIÓN

ADOLFO PÉREZ AGUSTÍ

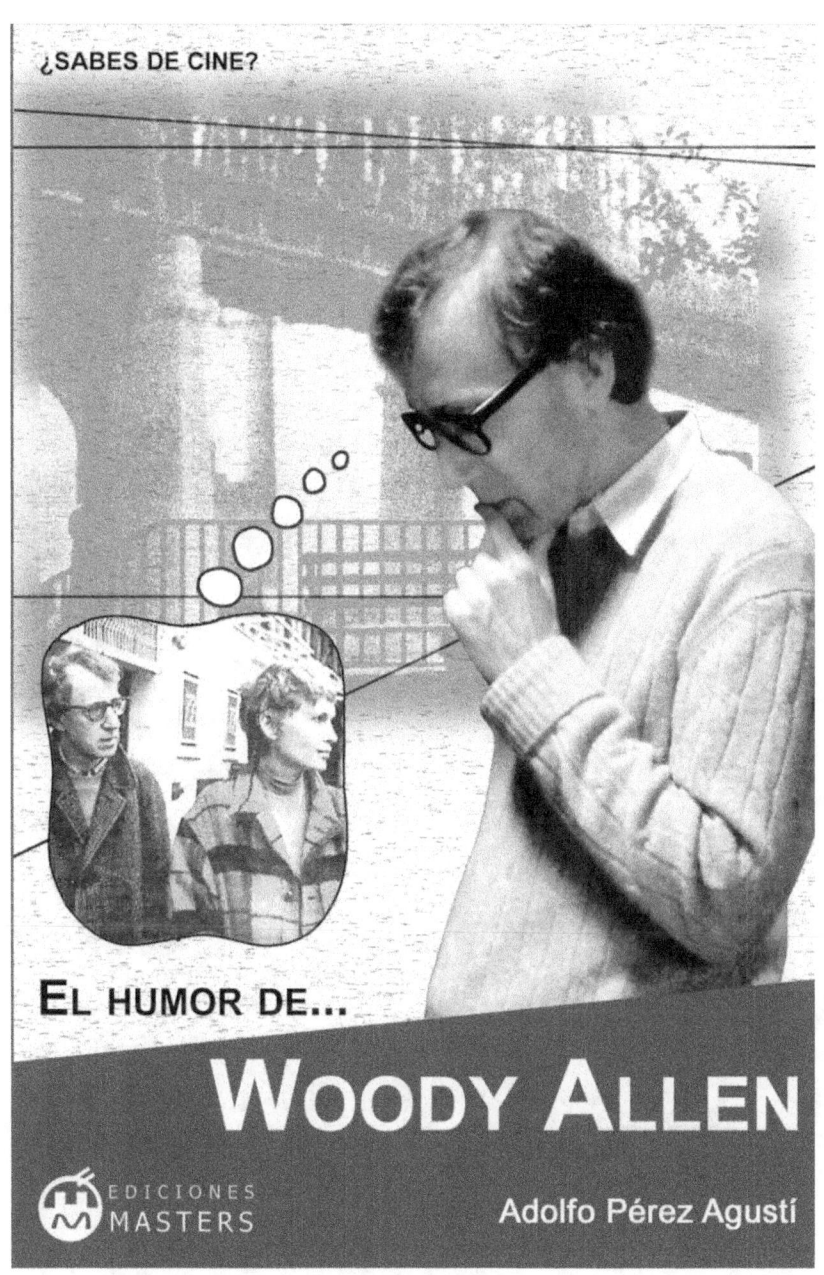

¿SABES DE CINE?

EL HUMOR DE...

WOODY ALLEN

EDICIONES
MASTERS

Adolfo Pérez Agustí

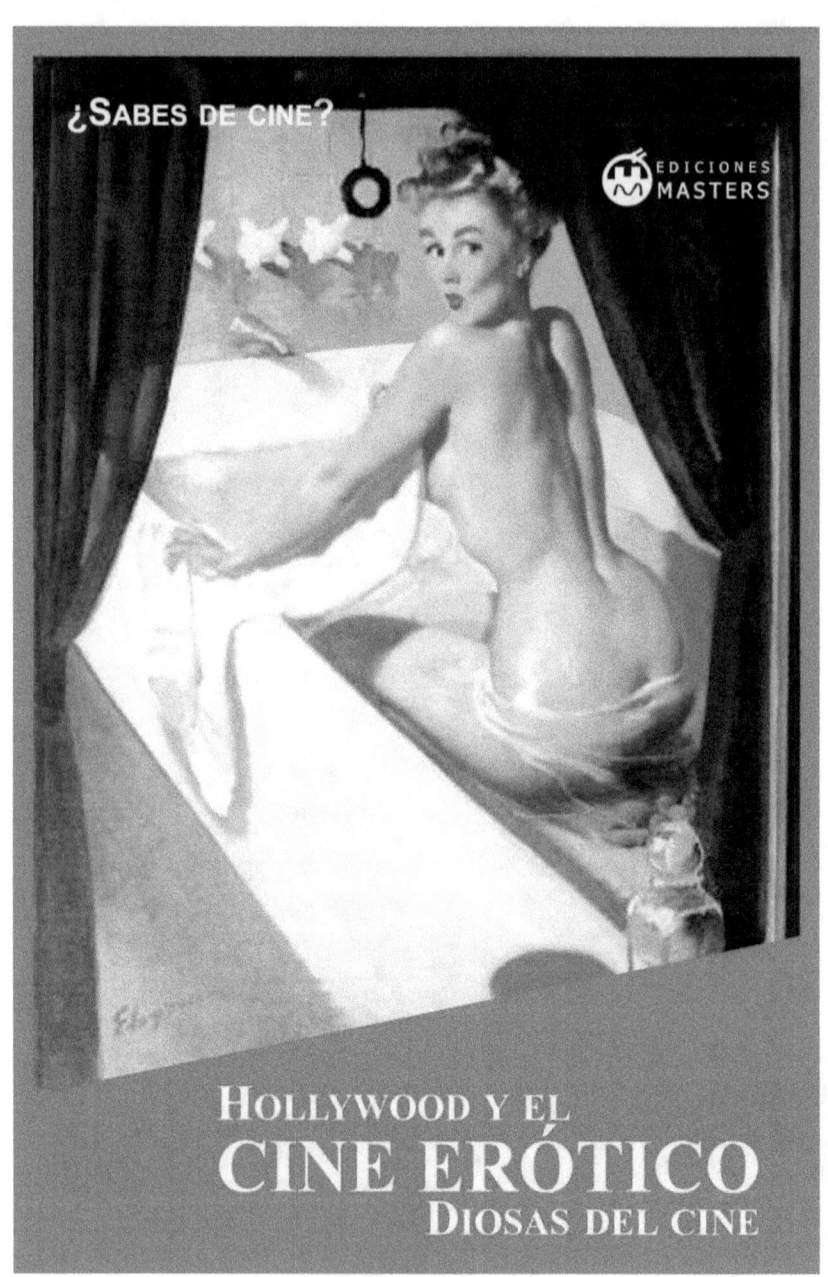

¿SABES DE CINE?

EDICIONES MASTERS

HOLLYWOOD Y EL
CINE ERÓTICO
DIOSAS DEL CINE

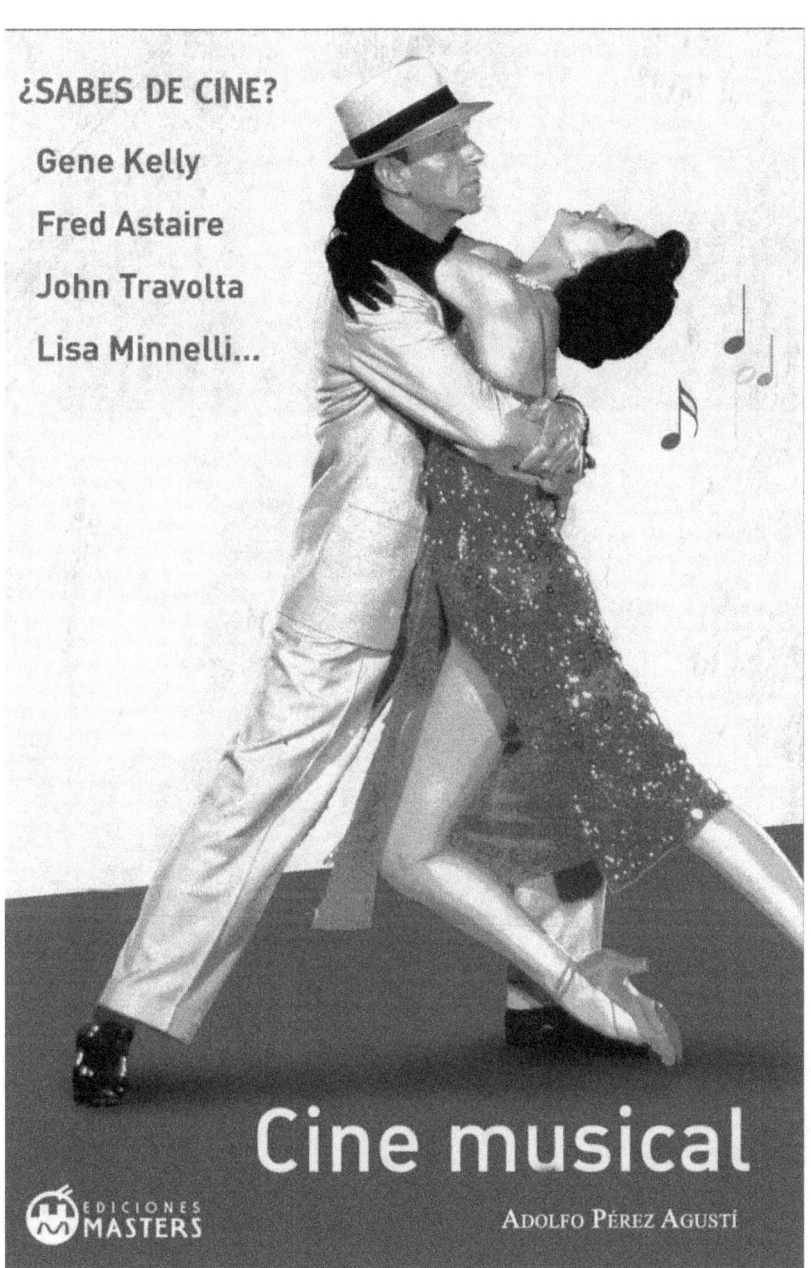

¿SABES DE CINE?

Gene Kelly

Fred Astaire

John Travolta

Lisa Minnelli...

Cine musical

EDICIONES
MASTERS

ADOLFO PÉREZ AGUSTÍ

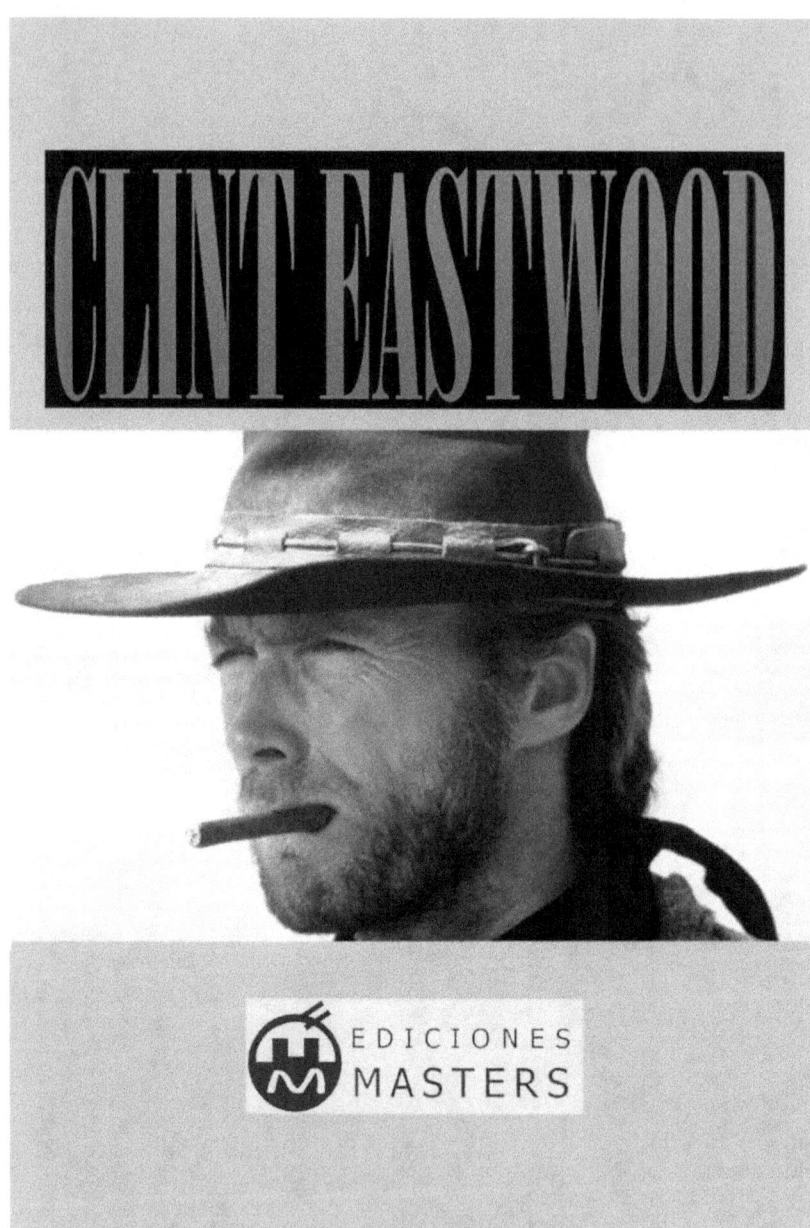

CLINT EASTWOOD

EDICIONES MASTERS

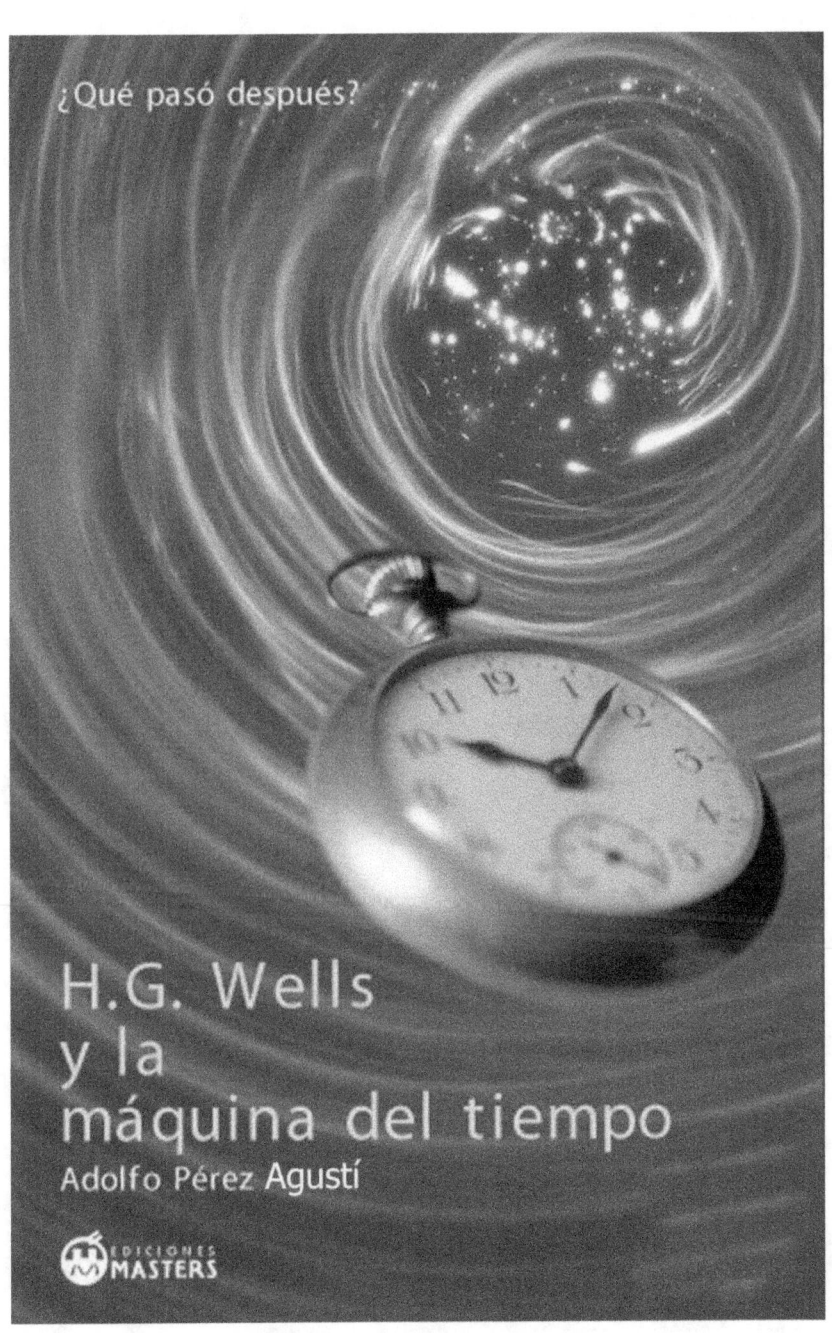

¿Qué pasó después?

H.G. Wells
y la
máquina del tiempo
Adolfo Pérez Agustí

EDICIONES MASTERS

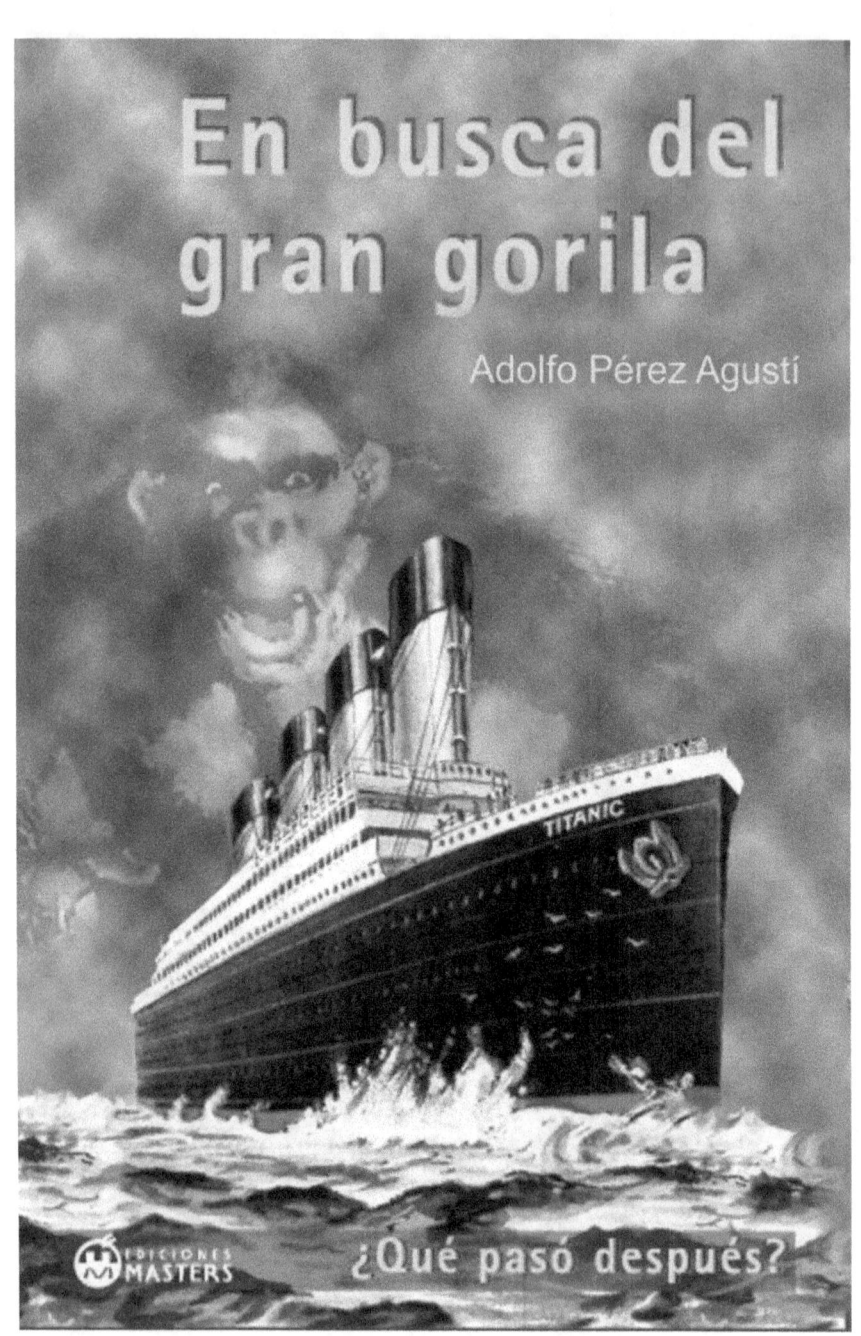

En busca del gran gorila

gran gorila

Adolfo Pérez Agustí

TITANIC

EDICIONES MASTERS

¿Qué pasó después?

www.ingramcontent.com/pod-product-compliance
Lightning Source LLC
Chambersburg PA
CBHW051458170526
45166CB00001B/294